DOM: GARCIE de NAUARE.

DOM GARCIE

DE NAVARRE,

OU

LE PRINCE JALOUX,

COMEDIE

PAR

J.B.P. DE MOLIERE.

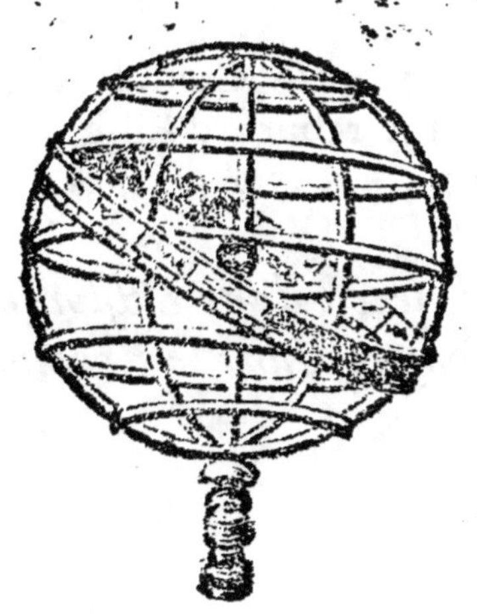

A AMSTERDAM,

Chez GUILLAUME LE JEUNE.

M. DC. LXXXIX.

PERSONNAGES.

Dom Garcie, Prince de Navarre, Amant d'Eluire.

Eluire, Princeſſe de Leon.

Elise, Confidente d'Eluire.

Dom Alphonce, Prince de Leon, crû Prince de Caſtille, ſous le nom de Dom Sylve.

Ignes, Comteſſe, Amante de Dom Sylve, aimée par Mauregat, Uſurpateur de l'Eſtat de Leon.

D. Alvar, Confident de D. Garcie, Amant d'Eliſe.

D. Lope, autre Confident de D. Garcie, Amant rebuté d'Eliſe.

D. Pedre, Eſcuyer d'Ignes.

La Scene eſt dans Aſtorgue, Ville d'Eſpagne, dans le Royaume de Leon.

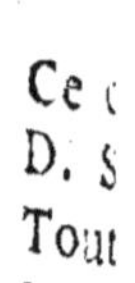

DOM GARCIE

DE NAVARRE,

OU

LE PRINCE JALOUX,

COMEDIE.

ACTE PREMIER.

SCENE PREMIERE.

D. ELUIRE, ELISE.

D. ELUIRE.

On , ce n'eſt point un choix , qui pour ces deux Amans,
Sceut regler de mon cœur les ſecrets ſentimens ;
Et le Prince n'a point dans tout ce qu'il peut eſtre,
Ce qui fit preferer l'amour qu'il fait paroiſtre,
D. Sylve comme luy fit briller à mes yeux
Toutes les qualitez d'un Heros glorieux ;
Meſme éclat de vertus, joint à meſme naiſſance,
Me parloit en tous deux pour cette preference ;

Et je ferois encor à nommer le vainqueur,
Si le merite seul prenoit droit sur un cœur.
Mais ces chaisnes du Ciel, qui tombent sur nos a-
    mes,
Deciderent en moy le destin de leurs flâmes;
Et toute mon estime égale entre les deux,
Laissa vers D. Garcie entraîner tous mes vœux.

ELISE.

Cet amour que pour luy vostre astre vous inspire,
N'a sur vos actions pris que bien peu d'empire;
Puisque nos yeux, Madame, ont pû long-temps
    douter
Qui de ces deux Amans vous vouliez mieux traiter.

D. ELUIRE.

De ces nobles Rivaux l'amoureuse poursuite,
A de fâcheux combats, Elise, m'a reduite.
Quand je regardois l'un, rien ne me reprochoit
Le tendre mouvement où mon ame panchoit;
Mais je me l'imputois à beaucoup d'injustice,
Quand de l'autre à mes yeux s'offroit le sacrifice.
Et Dom Sylve, aprés tout, dans ses soins amoureux
Me sembloit meriter un destin plus heureux.
Ie m'opposois encor, ce qu'au sang de Castille,
Du feu Roy de Leon, semble devoir la Fille;
Et la longue amitié, qui d'un estroit lien
Joignit les interests, de son Pere & du mien.
Ainsi plus dans mon ame un autre prenoit place,
Plus de tous ses respects je plaignois la disgrace:
Ma pitié complaisante à ses brulans soûpirs,
D'un dehors favorable amusoit ses desirs;
Et vouloit reparer par ce foible avantage,
Ce qu'au fond de mon cœur je luy faisois d'outrage.

ELISE.

Mais son premier amour que vous avez apris,
Doit de cette contrainte affranchir vos esprits.
Et puis qu'avant ses soins, où pour vous il s'engage,
Dône Ignes de son cœur avoit receu l'hommage;
Et que par des liens aussi fermes que doux
                    L'ami-

L'amitié vous unit cette Comtesse & vous.
Son secret revelé vous est une matiere
A donnner à vos vœux liberté toute entiere ;
Et vous pouvez sans crainte à cet Amant confus
D'un devoir d'amitié couvrir tous vôs refus.

D. E L U I R E.

Il est vray que j'ay lieu de cherir la nouvelle,
Qui m'apprit que D. Sylve estoit un infidelle ;
Puisque par ses ardeurs mon cœur tyrannisé
Contre elles à present se voit authorisé.
Qu'il en peut justement combatre les hommages,
Et sans scrupule ailleurs donner tous ses suffrages.
Mais enfin quelle joye en peut prendre ce cœur,
Si d'une autre contrainte il souffre la rigueur ?
Si d'un Prince jaloux l'eternelle foiblesse,
Reçoit indignement les soins de ma tendresse :
Et semble preparer dans mon juste couroux
Un eclat à briser tout commerce entre nous ?

E L I S E.

Mais si de vostre bouche il n'a point sceu sa gloire,
Est-ce crime pour luy que de n'oser la croire ?
Et ce qui d'un rival a pû flatter les feux,
L'authorise-t-il pas à douter de vos vœux ?

D. E L U I R E.

Non, non, de cette sombre, & lâche jalousie
Rien ne peut excuser l'etrange frenesie ;
Et par mes actions je l'ay trop informé,
Qu'il peut bien se flatter du bonheur d'estre aimé.
Sans employer la langue, il est des interpretes
Qui parlent clairement des atteintes secretes.
Un soûpir, un regard, une simple rougeur,
Un silence est assez pour expliquer un cœur.
Tout parle dans l'amour, & sur cette matiere
Le moindre jour doit estre une grande lumiere ;
Puisque chez nostre Sexe, où l'honneur est puis-
        sant,
On ne montre jamais tout ce que l'on ressent.
J'ay voulu, je l'avoüe, ajuster ma conduite,

Et voir d'un œil égal, l'un & l'autre merite:
Mais que contre ses vœux on combat vainement,
Et que la difference est connuë aisément,
De toutes ces faveurs qu'on fait avec étude
A celles où du cœur fait pancher l'habitude.
Dans les unes toûjours, on paroist se forcer;
Mais les autres, helas! se font sans y penser,
Semblables à ces eaux, si pures & si belles,
Qui coulent sans effort des sources naturelles.
Ma pitié pour D. Sylve, avoir beau l'émouvoir,
J'en trahissois les soins, sans m'en appercevoir.
Et mes regards au Prince, en un pareil martyre
En disoient toûjours plus, que je n'en voulois di-
          re.

E L I S E.

Enfin, si les soupçons de cet illustre Amant,
Puisque vous le voulez n'ont point de fondement;
Tour le moins font-ils foy d'une ame bien atteinte,
Et d'autres cheriroient ce qui fait vostre plainte.
Des jaloux mouvemens doivent estre odieux,
S'ils partent d'un amour qui déplaise à nos yeux.
Mais tout ce qu'un Amant nous peut montrer d'al-
          larmes,   (charmes;
Doit lors que nous l'aimons, avoir pour nous des
C'est par-la que son feu se peut mieux exprimer,
Et plus il est jaloux, plus nous devons l'aimer;
Ainsi puisqu'en vostre ame un Prince magnanime...

D. E L U I R E.

Ah! ne m'avancez point cette étrange maxime.
Par tout la jalousie est un monstre odieux,
Rien n'en peut adoucir les traits injurieux;
Et plus l'amour est cher, qui luy donne naissance
Plus on doit ressentir les coups de cette offence.
Voir un Prince emporté, qui perd à tous momens
Le respect que l'amour inspire aux vrais Amans:
Qui dans les soins jaloux, où son ame se noye,
Querelle également mon chagrin, & ma joye;
Et dans tous mes regards ne peut rien remarquer,
                    Qu'en

Qu'en faveur d'un Rival il ne veüille expliquer.
Non, non, par ces soûpçons je suis trop offencée,
Et sans déguisement je te dis ma pensee.
Le Prince D. Garcie est cher à mes desirs,
Il peut d'un cœur illustre échaufer les soûpirs :
Au milieu de Leon, on a veu son courage
Me donner de sa flâme un noble témoignage,
Braver en ma faveur des perils les plus grands,
M'enlever aux desseins de nos lâches tyrans ;
Et dans ces murs forcez mettre ma destinée,
A couvert des horreurs d'un indigne hymenée ;
Et je ne cele point que j'aurois de l'ennuy,
Que la gloire en fust deuë à quelqu'autre qu'à luy ;
Car un cœur amoureux prend un plaisir extrême,
A se voir redevable, Elise, à ce qu'il aime ;
Et sa flâme timide ose mieux éclater,
Lors qu'en favorisant, elle croist s'acquiter.
Oüy, j'aime qu'un secours qui hasarde sa teste
Semble à sa passion donner droit de conqueste.
J'aime que mon peril m'ait jettée en ses mains,
Et si les bruits communs ne sont pas des bruits vains
Si la bonté du Ciel nous rameine mon Frere,
Les vœux les plus ardens, que mon cœur puisse
    faire
C'est que son bras encor, sur un perfide sang
Puisse aider à ce Frere, à reprendre son rang,
Et par d'heureux succez d'une haute vaillance
Meriter tous les soins de sa reconnoissance.
Mais avec tout cela, s'il pousse mon courroux,
S'il ne purge ses feux de leurs transports jaloux,
Et ne les range aux loix, que je luy veux prescrire,
C'est inutilement qu'il pretend Done Eluire.
L'hymen ne peut nous joindre, & j'abhorre des
    nœuds,   (deux.
Qui deviendroient sans doute un Enfer pour tous

E L I S E.

Bien que l'on pust avoir des sentimens tout autres,
C'est au Prince, Madame, à se regler aux vostres,

Et dans voftre billet ils font fi bien marquez,
Que quand il les verra de la forte expliquez....
D. ELUIRE.
Je n'y veux point, Elife, employer cette lettre,
C'eft un foin qu'à ma bouche, il me vaut mieux.
commettre.
La faveur d'un écrit laiffe aux mains d'un Amant
Des témoins trop conftans de noftre attachement :
Ainfi donc empefchez, qu'au Prince on ne la livre.
ELISE.   (vre,
Toutes vos volontez font des loix qu'on doit fui-
J'admire cependant que le Ciel ait jetté
Dans le gouft des efprits tant de diverfité,
Et que ce que les uns regardent comme outrage,
Soit veu par d'autres yeux fous un autre vifage.
Pour moy je trouverois mon fort tout-à fait doux,
Si j'avois un Amant qui puft eftre jaloux ;
Je fçaurois m'applaudir de fon inquietude ;
Et ce qui pour mon ame eft fouvent un peu rude,
C'eft de voir D. Alvar ne prendre aucun foucy.
D. ELUIRE.
Nous ne le croyions pas fi proche ; le voicy.

SCENE II.

D. ELUIRE, D. ALVAR, ELISE.

D. ELUIRE.
VOftre retour furprend, qu'avez-vous à m'ap-
prendre ?
Dom Alphonfe vient-il, a t on lieu de l'attendre ?
D. ALVAR.
Oüy, Madame, & ce Frere en Caftille élevé
De rentrer dans fes droits voit le temps arrivé.
Jufqu'icy D. Loüis qui vit à fa prudence
Par le feu Roy mourant, commettre fon enfance,
A caché fes deffins aux yeux de tout l'Eftat,
Pour l'ofter aux fureurs du traiftre Mauregat.
Et bien que le Tyran, depuis fa lâche audace,
L'ait

L'ait souvent demandé pour luy rendre sa place,
Jamais son zele ardent n'a pris de seureté,
A l'appas dangereux de sa fausse équité.
Mais les peuples émeus par cette violence
Que vous a voulu faire une injuste puissance.
Ce genereux Vieillard a creu qu'il estoit temps
D'éprouver le succés d'un espoir de vingt ans.
Il a tenté Leon, & ses fidelles trames,
Des grands, comme du peuple, ont pratiqué les a-
        mes,
Tandis que la Castille armoit dix mille bras,
Pour redonner ce Prince aux vœux de ses Estats;
Il fait auparavant semer sa renommée,
Et ne veut le monstrer qu'en teste d'une armée.
Que tout prest à lancer le foudre punisseur,
Sous qui doit succomber un lâche ravisseur.
On investit Leon, & Dom Sylve en personne
Commande le secours que son Pere vous donne.

D. ELUIRE.
Un secours si puissant doit flater nostre espoir;
Mais je crains que mon Frere y puisse trop devoir.

D. ALVAR.
Mais, Madame, admirez que malgré la tempeste
Que vostre usurpateur oit gronder sur sa teste,
Tous les bruits de Leon annoncent pour certain,
Qu'à la Comtesse Ignes il va donner la main.

D. ELUIRE.
Il cherche dans l'Hymen de cette illustre Fille
L'appuy du grand credit, où se voit sa famille;
Je ne reçois rien d'elle, & j'en suis en soucy,
Mais son cœur au Tyran fut toûjours endurcy.

ELISE.
De trop puissant motifs, d'honneur & de tendresse,
Opposent ses refus aux nœuds dont on la presse;
Pour....

D. ALVAR.
Le Prince entre icy.

SCENE III.

D. GARCIE, D. ELUIRE.
D. ALVAR, ELISE.

D. GARCIE.

JE viens m'interesser,
Madame, au doux espoir, qu'il vous vient d'an-
    noncer.
Ce Frere qui menace un Tyran plein de crimes,
Flatte de mon amour les transports legitimes.
Son sort offre à mon bras des perils glorieux,
Dont je puis faire hommage à l'éclat de vos yeux,
Et par eux m'acquerir, si le Ciel m'est propice,
La gloire d'un revers, que vous doit sa justice;
Qui va faire à vos pieds cheoir l'infidelité,
Et rendre à vostre sang toute sa dignité.
Mais ce qui plus me plaist, d'une atteinte si chere,
C'est que pour estre Roy, le Ciel vous rend ce Frere;
Et qu'ainsi mon amour peut éclater au moins
Sans qu'à d'autres motifs on impute ses soins;
Et qu'il soit soupçonné, que dans vostre personne
Il cherche à me gagner les droits d'une Couronne.
Oüy, tout mon cœur voudroit montrer aux yeux
    de tous,
Qu'il ne regarde en vous autre chose que vous;
Et cent fois, si je puis le dire sans offence,
Ses vœux se sont armez contre vostre naissance,
Leur chaleur indiscrete a d'un destin plus bas
Souhaité le partage à vos divins appas,
Afin que de ce cœur, le noble sacrifice
Fust du Ciel envers vous reparer l'injustice;
Et vostre sort tenir des mains de mon amour,
Tout ce qu'il doit au sang, dont vous tenez le jour.
Mais puis qu'enfin les Cieux, de tout ce juste hom-
    mage,

A mes

A mes feux prévenus dérobent l'avantage.
Trouvez bon que ces feux prennent un peu d'espoir
Sur la mort que mon bras s'appreste à faire voir ;
Et qu'ils osent briguer par d'illustres services,
D'un Frere & d'un Estat les suffrages propices.

D. E L U I R E.

Je sçay que vous pouvez, Prince, en vangeant nos
   droits
Faire par vostre amour parler cent beaux exploits.
Mais ce n'est pas assez pour le prix qu'il espere
Que l'aveu d'un Estat, & la faveur d'un Frere.
D. Eluire n'est pas au bout de cet effort,
Et je vous vois à vaincre un obstacle plus fort.

D. G A R C I E.

Oüy, Madame, j'entens ce que vous voulez dire,
Je sçay bien que pour vous mon cœur en vain
   soûpire ;
Et l'obstacle puissant, qui s'oppose à mes feux,
Sans que vous le nommiez, n'est pas secret pour
   eux.

D. E L U I R E.

Souvent on entend mal, ce qu'on croit bien enten-
   dre,   (prendre.
Et par trop de chaleur, Prince, on se peut mé-
Mais puis qu'il faut parler, desirez vous sçavoir,
Quand vous pourrez me plaire, & prendre quelque
   espoir ?

D. G A R C I E.

Ce me sera, Madame, une faveur extréme.

D. E L U I R E.

Quand vous sçaurez m'aimer, comme il faut que
   l'on aime.

D. G A R C I E.

Et que peut on, helas ! observer sous les Cieux
Qui ne cede à l'ardeur, que m'inspirent vos yeux ?

D. E L U I R E.

Quand vostre passion ne fera rien paroistre,
Dont se puisse indigner celle qui l'a fait naistre.

H 6   D. G A R C

D. GARCIE.
C'est-là son plus grand soin.

D. ELUIRE.
                    Quand tous ses mouvemens
Ne prendront point de moy de trop bas sentimens.

D. GARCIE.
Ils vous reverent trop.

D. ELUIRE.
                    Quand d'un injuste ombrage
Vostre raison sçaura me reparer l'outrage;
Et que vous bannirez, enfin, ce monstre affreux,
Qui de son noir venin empoisonne vos feux.
Cette jalouse humeur, dont l'importun caprice,
Aux vœux, que vous m'offrez, rend un mauvais
        office,
S'oppose à leur attente, & contre eux à tous coups
Arme les mouvemens de mon juste courroux.

D. GARCIE.
Ah! Madame, il est vray, quelque effort que je
        fasse,
Qu'un peu de jalousie en mon cœur trouve place,
Et qu'un Rival absent de vos divins appas
Au repos de ce cœur vient livrer des combats.
Soit caprice, ou raison, j'ay toûjours la croyance
Que vostre ame en ces lieux souffre de son absence:
Et que malgré mes soins, vos soûpirs amoureux
Vont trouver à tous coups ce Rival trop heureux.
Mais si de tels soupçons ont dequoy vous déplaire,
Il vous est bien facile, helas! de m'y souftraire;
Et leur bannissement, dont j'accepte la Loy
Dépend bien plus de vous, qu'il ne dépend de moy.
Oüy, c'est vous qui pouvez par deux mots pleins de
        flâme;
Contre la jalousie armer toute mon ame;
Et des pleines clartez d'un glorieux espoir
Dissiper les horreurs que ce monstre y fait cheoir.
Daignez donc étouffer le doute qui m'accable,
Et faites qu'un aveu d'une bouche adorable

Me donne l'assurance au fort de tant d'assauts,
Que je ne puis trouver dans le peu que je vaux.

D. E L U I R E.

Prince, de vos soupçons la tyrannie est grande
Au moindre mot qu'il dit, un cœur veut qu'on l'en-
    tende,
Et n'aime pas ces feux, dont l'importunité
Demande qu'on s'exlique avec tant de clarté.
Le premier mouvement qui découvre nostre ame,
Doit d'un Amant discret satisfaire la flâme,
Et c'est à s'en dédire authoriser nos vœux,
Que vouloir plus avant pousser de tels aveux.
Je ne dis point quel choix, s'il m'estoit volontaire,
Entre Dom Sylve & vous, mon ame pourroit fai-
    re;
Mais vouloir vous contraindre à n'estre point ja-
    loux,
Auroit dit quelque chose à tout autre que vous:
Et je croyois cet ordre un assez doux langage
Pour n'avoir pas besoin d'en dire davantage.
Cependant vostre amour n'est pas encor content;
Il demande un aveu qui soit plus éclatant.
Pour l'oster de scrupule, il me faut à vous mesme,
En des termes exprés, dire que je vous aime;
Et peut-estre qu'encor pour vous en assurer
Vous vous obstineriez à m'en faire jurer.

D. G A R C I E.

Hé bien, Madame, hé bien, je suis trop teme-
    raire,
De tout ce qui vous plaist, je dois me satisfaire;
Je ne demande point de plus grande clarté,
Je croy que vous avez pour moy quelque bonté,
Que d'un peu de pitié mon feu vous sollicite,
Et je me vois heureux plus que je ne merite.
C'en est fait, je renonce à mes soupçons jaloux,
L'arrest qui les condamne, est un arrest bien doux;
Et je reçois la Loy qu'il daigne me prescrire,
Pour affranchir mon cœur de leur injuste empire.

H 7   D. EL-

D. ELUIRE.

Vous promettez beaucoup, Prince, & je doute
   fort,
Si vous pourrez sur vous faire ce grand effort.

D. GARCIE.

Ah! Madame, il suffit pour me rendre croyable,
Que ce qu'on vous promet doit estre inviolable;
Et que l'heur d'obeïr à sa divinité,
Ouvre aux plus grands efforts trop de facilité;
Que le Ciel me déclare une éternelle guerre,
Que je tombe à vos pieds d'un éclat de tonnerre,
Ou pour perir encor par de plus rudes coups,
Puissay-je voir sur moy fondre vostre courroux;
Si jamais mon amour descend à la foiblesse
De manquer aux devoirs d'une telle promesse;
Si jamais dans mon ame aucun jaloux transport
Fait.... *D. Pedre apporte un billet.*

D. ELUIRE.

     J'en estois en peine, & tu m'oblige fort,
Que le Courrier attende. A ces regards qu'il jétte,
Vois-je pas que déja cet écrit l'inquiete?
Prodigieux effet de son temperament,
Qui vous arreste, Prince, au milieu du serment?

D. GARCIE.

J'ay creu que vous aviez quelque secret ensemble,
Et je ne voulois pas l'interrompre.

D. ELUIRE.

          Il me semble
Que vous me répondez d'un ton fort alteré,
Je vous vois tout-à-coup le visage égaré;
Ce changement soudain a lieu de me surprendre,
D'où peut-il provenir, le pourroit-on apprendre?

D. GARCIE.   (cœur.

D'un mal qui tout à coup vient d'attaquer mon

D. ELUIRE.

Souvent plus qu'on ne croit ces maux ont de rigueur;
Et quelque prompt secours vous seroit necessaire,
                   Mais

Mais encor dites moy vous prend il d'ordinaire ?
D. GARCIE.
Par fois.
D. ELUIRE.
Ah ! Prince foible ; hé bien par cet écrit,
Guerriſſez-le ce mal, il n'eſt que dans l'eſprit.
D. GARCIE.
Par cet écrit, Madame ? ah ! ma main le refuſe,
Je roy voſtre penſée, & dequoy l'on m'accuſe ;
Si. . . .
D. ELUIRE.
Liſez-le, vous dis-je, & ſatisfaites-vous.
D. GARCIE.
Pour me traiter aprés, de foible, de jaloux ?
Non, non, je dois icy vous rendre un témoig-
        nage,
Qu'à mon cœur cet écrit n'a point donné d'ombra-
        ge ;
Et bien que vos bontez m'en laiſſent le pouvoir,
Pour me juſtifier je ne veux point le voir.
D. ELUIRE.
Si vous vous obſtinez à cette reſiſtance,
J'aurois tort de vouloir vous faire violence ;
Et c'eſt aſſez enfin, que vous avoir preſſé
De voir de quelle main ce billet m'eſt tracé.
D. GARCIE.
Ma volonté toûjours vous doit eſtre ſoûmiſe,
Si c'eſt voſtre plaiſir, que pour vous je le liſe,
Je conſens volontiers à prendre cet employ.
D. ELUIRE.
Oüy, oüy, Prince, tenez, vous le lirez pour moy.
D. GARCIE.
C'eſt pour vous obeïr au moins, & je puis dire....
D. ELUIRE.
C'eſt ce que vous voudrez, dépêſchez-vous de
        lire.
D. GARCIE,
Il eſt de Done Ignes, à ce que je connoy.
                    D. EL-

D. ELUIRE.

Oüy, je m'en réjoüis, & pour vous, & pour moy.

D. GARCIE *lit*.

Malgré l'effort d'un long mépris,
Le Tyran toûjours m'aime, & depuis vôtre absence,
Vers moy pour me porter au dessein qu'il a pris,
Il semble avoir tourné toute sa violence,
Dont il poursuit l'alliance
De vous & de son Fils.
Ceux qui sur moy peuvent avoir empire
Par de lâches motifs qu'un faux honneur inspire,
Approuvent tous cet indigne lien;
J'ignore encor par où finira mon martyre:
Mais je mourray plûtost que d'y consentir.
Puissiez-vous joüir, belle Eluire,
D'un destin plus doux que le mien. D. IGNES.

Il continüe.

Dans la haute vertu son ame est affermie.

D. ELUIRE.

Je vais faire réponse à cette illustre amie.
Cependant apprenez, Prince, à vous mieux armer
Contre ce qui prend droit de vous trop allarmer.
J'ay calmé vôtre trouble, avec cette lumiere,
Et la chose a passé d'une douce maniere:
Mais à n'en point mentir il seroit des momens,
Où je pourrois entrer dans d'autres sentimens.

D. GARCIE.

Hé, quoy vous croyez donc...

D. ELUIRE.

                    Je croy ce qu'il faut croire.
Adieu, de mes avis conservez la memoire,
Et s'il est vray pour moy, que vôtre amour soit
        grand
Donnez-en à mon cœur les preuves qu'il pretend.

D. GARCIE.

Croyez que desormais, c'est tout mon envie,
Et qu'avant qu'y manquer, je veux perdre la vie.

Fin du premier Acte.

                                    A C-

ACTE II.

SCENE I.

ELISE, D. LOPE.

ELISE.

Out ce que fait le Prince, à parler fran-
    chement,
  N'eſt pas ce qui me donne un grand
    étonnement ;
Car que d'un noble amour une ame bien ſaiſie,
En pouſſe les tranſports juſqu'à la jalouſie ;
Que de doutes frequents ſes vœux ſoient traverſés,
Il eſt fort naturel, & je l'approuve aſſez ;
Mais ce qui me ſurprend, Dom Lope, c'eſt d'en-
    tendre
Que vous luy preparez les ſoupçons qu'il doit pren-
    dre,
Que voſtre ame les forme, & qu'il n'eſt en ces lieux
Fâcheux que par vos ſoins, jaloux que par vos yeux.
Encor un coup, Dom Lope, une ame bien épriſe
Des ſoupçons qu'elle prend, ne me rend point ſur-
    priſe ;
Mais qu'on ait ſans amour tous les ſoins d'un ja-
    loux,
C'eſt une nouveauté qui n'appartient qu'à vous.

D. LOPE.

Que ſur cette conduite à ſon aiſe l'on gloſe,
Chacun regle la ſienne au but qu'il ſe propoſe ;
Et rebuté par vous des ſoins de mon amour,
Je ſonge auprés du Prince à bien faire ma Cour.

ELISE.

Mais ſçavez vous, qu'enfin il fera mal la ſienne,
S'il faut qu'en cette humeur voſtre eſprit l'entre-
    tienne ?

D. Lo-

D. LOPE.

Et quand, charmante Elife, a t'on veu s'il vous
     plaift,
Qu'on cherche auprés des Grands, que fon propre
     intereft?
Qu'un parfait Courtifan veüille charger leur fuite,
D'un cenfeur des défauts, qu'on trouve en leur con-
     duite;
Et s'aille inquieter, fi fon difcours leur nuit,
Pourveu que fa fortune en tire quelque fruit?
Tout ce qu'on fait ne va, qu'à fe mettre en leur grace
Par la plus courte voye, on y cherche une place;
Et les plus prompts moyens de gagner leur faveur,
C'eft de flater toûjours le foible de leur cœur:
D'applaudir en aveugle à ce qu'ils veulent faire,
Et n'appuyer jamais ce qui peut leur déplaire;
C'eft-la le vray fecret d'eftre bien auprés d'eux,
Les utiles confeils font paffer pour fâcheux,
Et vous laiffent toûjours hors de la confidence,
Où vous jette d'abord l'adroite complaifance.
Enfin on voit par tout, que l'art des Courtifans,
Ne tend qu'à profiter des foibleffes des Grands;
A nourrir leurs erreurs, & jamais dans leur ame,
Ne porter les avis des chofes qu'on y blâme.

ELISE.

Ces maximes un temps leur peuvent fucceder;
Mais il eft des revers, qu'on doit apprehender.
Et dans l'éfprit des Grands, qu'on tâche de furpren-
     dre,
Un rayon de lumiere, à la fin peut defcendre,
Qui fur tous ces flateurs vange équitablement,
Ce qu'a fait à leur gloire, un long aveuglement.
Cependant je diray, que voftre ame s'explique
Un peu bien librement fur voftre Politique;
Et fes nobles motifs, au Prince rapportez,
Serviroient affez mal vos affiduitez.

D. LOPE.

Outre que je pourrois defavoüer fans blâme,
Ces

Ces libres veritez, furquoy s'ouvre mon ame;
Je fçay fort bien qu'Elife a l'efprit trop difcret,
Pour aller divulguer cet entretien fecret.
Qu'ay je dit, aprés tout, que fans moy l'on ne
    fçache?
Et dans mon procedé que faut-il que je cache?
On peut craindre une cheute avec quelque raifon,
Quand on met en ufage, ou rufe, ou trahifon.
Mais qu'ay je à redouter, moy qui par tout n'avance
Que les foins approuvez d'un peu de complaifance;
Et qui fuy feulement par d'utiles leçons
La pente qu'a le Prince à de jaloux foupçons?
Son ame femble en vivre, & je mets mon étude
A trouver des raifons à fon inquietude;
A voir de tous coftez, s'il ne fe paffe rien,
A fournir le fujet d'un fecret entretien.
Et quand je puis venir enflé d'une nouvelle,
Donner à fon repos une atteinte mortelle,
C'eft lors que plus il m'aime, & je voy fa raifon
D'une audience avide avaler ce poifon,
Et m'en remercier, comme d'une victoire,
Qui combleroit fes jours de bonheur & de gloire.
Mais mon Rival paroift, je vous laiffe tous deux,
Et bien que je renonce à l'efpoir de vos vœux,
J'aurois un peu de peine à voir qu'en ma prefence,
Il receuft des effets de quelque preference;
Et je veux, fi je puis, m'épargner ce foucy.

E L I S E.

Tout amant de bon fens en doit ufer ainfi.

S C E N E II.

D. ALVAR, ELISE.

D. A L V A R.

ENfin, nous apprenons que le Roy de Navarre
  Pour les defirs du Prince, aujourd'huy fe de-
clare;

Et

Et qu'un nouveau renfort de Troupes nous attend
Pour le fameux service, où son amour pretend.
Je suis surpris pour moy, qu'avec tant de vitesse,
On ait fait avancer.. Mais....

SCENE III.

D. GARCIE, ELISE, D. ALVAR.

D. GARCIE,

Que fait là la Princesse.

ELISE.

Quelques lettres, Seigneur, je le presume ainsi;
Mais elle va sçavoir que vous estes icy.

SCENE IV.

D. GARCIE seul.

J'Attendray qu'elle ait fait. Prés de souffrir sa veuë,
D'un trouble tout nouveau je me sens l'ame
    émeuë
Et la crainte meslée à mon ressentiment,
Jette par tout mon corps un soudain tremblement.
Prince, prends garde au moins, qu'un aveugle
    caprice
Ne te conduise icy dans quelque precipice,
Et que de ton esprit les desordres puissans,
Ne donnent un peu trop au rapport de tes sens.
Consulte ta raison, prends sa clarté pour guide,
Voy si de tes soupçons, l'apparence est solide;
Ne dements pas leur voix, mais aussi garde bien
Que pour les croire trop ils ne t'imposent rien;
Qu'à tes premiers transports ils n'osent trop per-
    mettre,
Et relis posément cette moitié de lettre.
Ha! qu'est-ce que mon cœur, trop digne de pitié,
Ne voudroit pas donner pour son autre moitié!
Mais aprés tout que dis-je? il suffit bien de l'une,
Et n'en voilà que trop pour voir mon infortune.

Quoy

Quoy que voſtre Rival....
Vous devez toutefois vous....
Et vous avez en vous à....
L'obſtacle le plus grand....

Je cheris tendrement ce...
Pour me tirer des mains de...
Son amour, ſes devoirs....
Mais il m'eſt odieux avec...

Oſtez donc à vos feux ce....
Meritez les regards que l'on....
Et lors qu'on vous oblige...
Ne vous obſtinez point à....

Oüy, mon ſort par ces mots eſt aſſez éclaircy,
Son cœur comme ſa main ſe fait connoiſtre icy;
Et les ſens imparfaits de cet écrit funeſte,
Pour s'expliquer à moy, n'ont pas beſoin du
    reſte
Toutefois dans l'abord agiſſons doucement,
Couvrons à l'infidelle un vif reſſentiment;
Et de ce que je tiens, ne donnant point d'in-
    dice,
Confondons ſon eſprit par ſon propre artifice.
La voicy, ma raiſon, renferme mes tranſports,
Et rends-toy pour un temps maiſtreſſe du dehors.

S C E N E   V.

D. ELUIRE, D. GARCIE.

D. ELUIRE.

VOus avez bien voulu que je vous fiſſe attendre?

D. GARCIE.

Ha! qu'elle cache bien.

D. ELUIRE.

On vient de nous apprendre
    Que

Que le Roy voftre Pere approuve vos projets,
Et veut bien que fon Fils nous rende nos Sujets,
Et mon ame en a pris une allegreffe extrême.

D. GARCIE.

Oüy, Madame, & mon cœur s'en réjoüit de
    mefme,
Mais.....

D. ELUIRE.

Le Tyran fans doute aura peine à parer
Les foudres que par tout il entend murmurer;
Et j'ofe me flater que le mefme courage
Qui pût bien me fouftraire à fa brutale rage:
Et dans les murs d'Aftorgue, arrachez de fes mains,
Me faire un feur azile à braver fes deffeins:
Pourra de tout Leon, achevant la conquefte,
Sous fes nobles efforts faire cheoir cette tefte.

D. GARCIE.

Le fuccez en pourra parler dans quelques jours,
Mais de grace paffons à quelque autre difcours.
Puis-je fans trop ofer vous prier de me dire,
A qui vous avez pris, Madame, foin d'écrire,
Depuis que le deftin nous a conduits icy?

D. ELUIRE.

Pourquoy cette demande? & d'où vient ce foucy?

D. GARCIE.

D'un defir curieux de pure fantaifie.

D. ELUIRE.

La curiofité naift de la jaloufie.

D. GARCIE.

Non, ce n'eft rien du tout de ce que vous penfez,
Vos ordres de ce mal me défendent affez.

D. ELUIRE.

Sans chercher plus avant quel intereft vous preffe,
J'ay deux fois à Leon écrit à la Comteffe;
Et deux fois au Marquis D. Louis, à Burgos;
Avec cette réponfe eftes vous en repos?

D. GARCIE.

Vous n'avez point écrit à quelque autre perfonne,
Ma-

Madame?

D. ELUIRE.

Non, sans doute, & ce discours m'étonne.

D. GARCIE.

De grace songez bien avant que d'assurer,
En manquant de memoire on peut se parjurer.

D. ELUIRE.

Ma bouche sur ce point ne peut estre parjure.

D. GARCIE.

Elle a dit toutefois une haute imposture.

D. ELUIRE.

Prince.

D. GARCIE,

Madame.

D. ELUIRE.

O Ciel! quel est ce mouvement,
Avez vous, dites-moy, perdu le jugement?

D. GARCIE.

Oüy, oüy, je l'ay perdu, lorsque dans vostre veuë,
J'ay pris pour mon malheur le poison qui me tuë.
Et que j'ay crû trouver quelque sincerité
Dans les traistres appas, dont je fus enchanté.

D. ELUIRE.

De quelle trahison pouvez vous donc vous plaindre?

D. GARCIE.

Ah! que ce cœur est double, & sçait bien l'art
de feindre;
Mais tous moyens de fuir luy vont estre soustraits,
Jettez icy les yeux, & connoissez vos traits;
Sans avoir veu le reste, il m'est assez facile
De découvrir pour qui vous employez ce stile.

D. ELUIRE.

Voilà donc le sujet qui vous trouble l'esprit?

D. GARCIE.

Vous ne rougissez pas en voyant cet écrit?

D. ELUIRE.

L'innocence à rougir n'est point accoûtumée.

D. GAR-

D. GARCIE.

Il eſt vray qu'en ces lieux on la voit opprimée,
Ce billet dementi pour n'avoir point de ſeing.

D. ELUIRE.

Pourquoy le dementir, puiſqu'il eſt de ma main ?

D. GARCIE.

Encor eſt-ce beaucoup que de franchiſe pure,
Vous demeuriez d'accord, que c'eſt voſtre écriture;
Mais ce ſera, ſans doute, & j'en ſerois garant,
Un billet qu'on envoye à quelque indifferent,
Ou du moins ce qu'il a de tendreſſe évidente
Sera pour une amie, ou pour quelque parente.

D. ELUIRE.

Non, c'eſt pour un Amant, que ma main l'a
        formé,
Et j'ajoûte de plus pour un Amant aimé.

D. GARCIE.

Et je puis, ô Perfide.....

D. ELUIRE.

                    Arreſtez, Prince indigne,
De ce lâche tranſport l'égarement inſigne,
Bien que de vous mon cœur ne prenne point
        de loy,
Et ne doive en ces lieux aucun conte qu'à ſoy,
Je veux bien me purger pour voſtre ſeul ſupplice,
Du crime que m'impoſe, un inſolent caprice;
Vous ſerez éclaircy, n'en doutez nullement,
J'ay ma défence preſte en ce meſme moment.
Vous allez recevoir une pleine lumiere,
Mon innocence icy paroiſtra toute entiere;
Et je veux vous mettant juge en voſtre intereſt,
Vous faire prononcer vous meſme voſtre arreſt.

D. GARCIE.

Ce ſont propos obſcurs, qu'on ne ſçauroit com-
        prendre.

D. ELUIRE.

Bien-toſt à vos dépens vous me pourrez entendre.
Eliſe, hola.

                                        SCE-

SCENE VI.

D. GARCIE, D. ELUIRE, ELISE.

ELISE.

MAdame.

D. ELUIRE.

Obfervez bien au moins,
Si j'ofe à vous tromper employer quelques foins,
Si par un feul coup d'œil, ou gefte qui l'inftruife,
Je cherche de ce coup à parer la furprife.
Le billet que tantoft ma main avoit tracé,
Répondez promptement, où l'avez vous laiffé ?

ELISE.

Madame, j'ay fujet de m'avoüer coupable,
Je ne fçay comme il eft demeuré fur ma table ;
Mais on vient de m'apprendre en ce mefme mo-
    ment
Que Dom Lope venant dans mon appartement,
Par une liberté, qu'on luy voit fe permettre,
A fureté par tout, & trouvé cette lettre.
Comme il la déplioit, Leonor a voulu
S'en faifir promptement, avant qu'il eût rien feu ;
Et fe jettant fur luy, la lettre conteftée
En deux juftes moitiez dans leurs mains eft reftée ;
Dom Lope auffi-toft prenant un prompt effort,
A dérobé la fienne aux foins de Leonor.

D. ELUIRE.

Avez vous icy l'autre ?

ELISE.

Oüy, la voilà, Madame.

D. ELUIRE.

Donnez, nous allons voir qui merite le blâme.
Avec voftre moitié raffemblez celle-cy,
Lifez, & hautement, je veux l'entendre auffi.

D. GARCIE.

Au Prince Dom Garcie ! ah.

I

D. EL

D. ELUIRE.

Achevez de lire,
Voſtre ame pour ce mot ne doit pas s'interdire ?

D. GARCIE *lit.*

Quoy que voſtre Rival, Prince, alarme voſtre ame,
Vous devez toutefois vous craindre plus que luy,
Et vous avez en vous à détruire aujourd'huy
L'obſtacle le plus grand que trouve voſtre ſlâme.
Je cheris tendrement ce qu'a fait Dom Gracie,
Pour me tirer des mains de nos fiers raviſſeurs,
Son amour, ſes devoirs ont pour moi des dou-
        ceurs,
Mais il m'eſt odieux avec ſa jalouſie.
Oſtez donc à vos feux, ce qu'ils en font paroiſtre,
Meritez les regards que l'on jette ſur eux ;
Et lors qu'on vous oblige à vous tenir heureux,
Ne vous obſtinez point à ne pas vouloir l'eſtre ?

D. ELUIRE.

Hé, bien que dites-vous ?

D. GARCIE.

Ha ! Madame, je dis,
Qu'à cet objet mes ſens demeurent interdits :
Que je voy dans ma plainte une horrible injuſtice,
Et qu'il n'eſt point pour moy d'aſſez cruel ſupplice,

D. ELUIRE.

Il ſuffit, apprenez que ſi j'ay ſouhaité
Qu'à vos yeux cet écrit puſt eſtre preſenté ;
C'eſt pour le dementir, & cent fois me dédire
De tout ce que pour vous, vous y venez de lire.
Adieu Prince.

D. GARCIE.

Madame, helas ! où fuyez-vous ?

D. ELUIRE.

Où vous ne ſerez point trop odieux jaloux.

D. GARCIE.

Ha ! Madame, excuſez un Amant miſerable,
Qu'un ſort prodigieux a fait vers vous coupable,

Et

Et qui, bien qu'il vous cause un courroux si puis-
        sant,
Eust esté plus blâmable à rester innocent.
Car enfin, peut il estre une ame bien atteinte,
Dont l'espoir le plus doux ne soit mesle de crainte ?
Et pourriez-vous penser que mon cœur eust aymé,
Si ce billet fatal ne l'eust point allarmé ?
S'il n'avoit point fremy des coups de cette foudre,
Dont je me figurois tout mon bon heur en poudre;
Vous mesme, dites-moy, si cet évenement
N'eust pas dans mon erreur jetté tout autre Amant ?
Si d'une preuve, helas ! qui me sembloit si claire,
Je pouvois dementir….

D. E L U I R E.

                    Oüy, vous le pouviez faire,
Et dans mes sentimens assez bien déclarez
Vos doutes rencontroyent des garants assurez ;
Vous n'aviez rien à craindre, & d'autres sur ce gage,
Auroient du monde entier bravé le témoignage.

D. G A R C I E.

Moins on merite un bien qu'on nous fait esperer,
Plus nostre ame a de peine à pouvoir s'assurer ;
Un sort trop plein de gloire à nos yeux est fragile,
Et nous laisse aux soupçons une pente facile.
Pour moy qui crois si peu meriter vos bontez,
J'ay douté du bonheur de mes temeritez ;
J'ay crû que dans ces lieux rangez sous ma puissance
Vostre ame se forçoit à quelque complaisance;
Que déguisant pour moy vostre severité…..

D. E L U I R E.

Et je pourrois descendre à cette lâcheté,
Moy prendre le party d'une honteuse feinte,
Agir par les motifs d'une servile crainte,
Trahir mes sentimens, & pour estre en vos mains,
D'un masque de faveur vous couvrir mes dédains ;
La gloire sur mon cœur auroit si peu d'empire ?
Vous pouvez le penser, & vous me l'osez dire ?
Apprenez que ce cœur ne sçait point s'abaisser,

Qu'il n'est rien sous les Cieux qui puisse l'y forcer.
Et s'il vous a fait voir par une erreur insigne
Des marques de bonté, dont vous n'estiez pas
　　digne,
Qu'il sçaura bien montrer malgré vostre pouvoir,
La haine que pour vous il se resout d'avoir;
Braver vostre furie, & vous faire connoistre
Qu'il n'a point esté lâche, & ne veut jamais l'estre.

D. GARCIE.

Hé bien je suis coupable, & ne m'en défends pas,
Mais je demande grace à vos divins appas;
Je la demande au nom de la plus vive flâme,
Dont jamais deux beaux yeux ayent fait brûler une
　　ame.
Que si vostre courroux ne peut estre appaisé,
Si mon crime est trop grand pour se voir excusé,
Si vous ne regardez, ny l'amour qui le cause,
Ny le vif repentir que mon cœur vous expose;
Il faut qu'un coup heureux, en me faisant mourir,
M'arrache à des tourmens que je ne puis souffrir.
Non, ne presumez pas, qu'ayant sçeu vous déplaire,
Je puisse vivre une heure avec vostre colere.
Deja de ce moment la barbare longueur,
Sous ses cuisans remords fait succomber mon cœur;
Et de mille Vautours les blessures cruelles,
N'ont rien de comparable à ses douleurs mortel-
　　les;
Madame, vous n'avez qu'à me le déclarer,
S'il n'est point de pardon que je doive esperer,
Cette épée aussi tost, par un coup favorable
Va percer à vos yeux le cœur d'un miserable;
Ce cœur, ce traistre cœur, dont les perplexitez,
Ont si fort outragé vos extrêmes bontez;
Trop heureux en mourant, si ce coup legitime
Efface en vostre esprit l'image de mon crime;
Et ne laisse aucuns traits de vostre aversion
Au foible souvenir de mon affection;
C'est l'unique faveur que demande ma flame.

D. EL-

D. ELUIRE.

Ha! Prince trop cruel.

D. GARCIE.

     Dites, parlez, Madame.

D. ELUIRE.

Faut-il encor pour vous conserver des bontez,
Et vous voir m'outrager par tant d'indignitez.

D. GARCIE.

Un cœur ne peut jamais outrager quand il aime,
Et ce que fait l'amour il l'excuse luy-mesme.

D. ELUIRE.

L'amour n'excuse point de tels emportemens.

D. GARCIE.

Tout ce qu'il a d'ardeur passe en ses mouvemens,
Et plus il devient fort, plus il trouve de peine ...

D. ELUIRE.

Non, ne m'en parlez point vous meritez ma haine

D. GARCIE.

Vous me haïssez donc?

D. ELUIRE.

     J'y veux tâcher au moins;
Mais, helas! je crains bien que j'y perde mes
    soins,
Et que tout le courroux qu'excite vostre offence
Ne puisse jusques là faire aller ma vangeance.

D. GARCIE.

D'un supplice si grand ne tentez point l'effort,
Puisque pour vous vanger je vous offre ma mort;
Prononcez en l'arrest, & j'obeïs sur l'heure.

D. ELUIRE.

Qui ne sçauroit haïr, ne peut vouloir qu'on meure.

D. GARCIE.

Et moy je ne puis vivre, à moins que vos bontez
Accordent un pardon à mes temeritez,
Resolvez l'un des deux, de punir, ou d'absoudre.

D. ELUIRE.

Helas! j'ay trop fait voir, ce que je puis resoudre.
Par l'aveu d'un pardon, n'est ce pas se trahir,

Que dire au Criminel qu'on ne le peut haïr ;
D. GARCIE.
Ah ! c'en est trop, souffrez, adorable Princesse.
D. ELUIRE.
Laissez, je me veux mal d'une telle foiblesse.
D. GARCIE.
Enfin je suis ....

SCENE IV.

D. LOPE, D. GARCIE.

D. LOPE.

SEigneur, je viens vous informer
D'un secret dont vos feux ont droit de s'allarmer.
D. GARCIE.
Ne me viens point parler de secret, ny d'allarme
Dans les doux mouvemens du transport qui me
    charme,
Aprés ce qu'à mes yeux on vient de presenter,
Il n'est point de soupçons que je doive écouter ;
Et d'un divin objet la bonté sans pareille,
A tous ces vains rapports, doit fermer mon oreille,
Ne m'en fais plus.
D. LOPE.
        Seigneur, je veux ce qu'il vous plaist,
Mes soins en tout cecy n'ont que vostre interest ;
J'ay crû que le secret que je viens de surprendre
Meritoit bien qu'en haste on vous le vinst ap-
    prendre ;
Mais puisque vous voulez que je n'en touche rien,
Je vous diray, Seigneur, pour changer d'entre-
    tien,
Que déja dans Leon on voit chaque famille
Lever le masque au bruit des Trouppes de Castille,
Et que sur tout le Peuple y fait pour son vray Roy
Un éclat à donner au Tyran de l'effroy.
D. GAR.

D. GARCIE.

La Castille du moins n'aura pas la victoire,
Sans que nous essayons d'en partager la gloire;
Et nos Trouppes aussi peuvent estre en estat,
D'imprimer quelque crainte au cœur de Mauregat.
Mais quel est ce secret, dont tu voulois m'instruire,
Voyons un peu ?

D. LOPE.

Seigneur, je n'ay rien à vous dire.

D. GARCIE.

Va, va, parle, mon cœur t'en donne le pouvoir.

D. LOPE.

Vos paroles, Seigneur, m'en ont trop fait sçavoir,
Et puisque mes avis ont dequoy vous déplaire,
Je sçauray desormais trouver l'art de me taire.

D. GARCIE.

Enfin, je veux sçavoir la chose absolument.

D. LOPES.

Je ne replique point à ce commandement ;
Mais, Seigneur, en ce lieu le devoir de mon zele
Trahiroit le secret d'une telle nouvelle.
Sortons pour vous l'apprendre, & sans rien em-
   brasser,
Vous mesme vous verrez ce qu'on en doit penser.

Fin du second Acte.

ACTE III.

SCENE. I.

D. ELUIRE, ELISE.

D. ELUIRE.

Lise, que dis tu de l'étrange foiblesse,
Que vient de témoigner le cœur d'une
   Princesse ?
Que dis - tu de me voir tomber si
   promptement,

I 4

De toute la chaleur de mon reſſentiment ;
Et malgré tant d'éclat relaſcher mon courage
Au pardon trop honteux d'un ſi cruel outrage ?

ELISE.

Moy, je dis que d'un cœur que nous pouvons cherir,
Une injure ſans doute eſt bien dure à ſouffrir :
Mais que s'il n'en eſt point qui davantage irrite,
Il n'en eſt point auſſi qu'on pardonne ſi viſte ;
Et qu'un coupable aimé triomphe à nos genoux
De tous les prompts tranſports du plus boüillant courroux,
D'autant plus aiſément, Madame, quand l'offence
Dans un excez d'amour peut trouver ſa naiſſance ;
Ainſi quelque dépit que l'on vous ait cauſé,
Je ne m'étonne point de le voir appaiſé ;
Et je ſçay quel pouvoir malgré voſtre menace,
A de pareils forfaits donnera toûjours grace.

D. ELUIRE.

Ah ! ſçache quelque ardeur qui m'impoſe des loix,
Que mon front a rougi pour la derniere fois,
Et que ſi deſormais on pouſſe ma colere,
Il n'eſt point de retour qu'il faille qu'on eſpere.
Quand je pourrois reprendre un tendre ſentiment,
C'eſt aſſez contre luy que l'éclat d'un ſerment ;
Car enfin un eſprit qu'un peu d'orgueil inſpire,
Trouve beaucoup de honte à ſe pouvoir dédire ;
Et ſouvent aux dépens d'un penible combat,
Fait ſur ſes propres vœux un illuſtre attentat,
S'obſtine par honneur, & n'a rien qu'il n'immole
A la noble fierté de tenir ſa parole.
Ainſi dans le pardon que l'on vient d'obtenir,
Ne prens point de clartez pour regler l'avenir ;
Et quoy qu'à mes deſtins la fortune prepare,
Crois que je ne puis eſtre au Prince de Navarre,
Que de ces noirs accez qui troublent ſa raiſon,
Il n'ait fait éclater l'entiere gueriſon,
Et reduit tout mon cœur que ce mal perſecute,

A n'en

A n'en plus redouter l'affront d'une recheute.
E L I S E.
Mais quel affront nous fait le transport d'un jaloux?
D.   E L U I R E.
En est il un qui soit plus digne de courroux?
Et puis que nostre cœur fait un effort extrême,
Lors qu'il se peut resoudre à confesser qu'il aime :
Puisque l'honneur du Sexe en tout temps rigoureux,
Oppose un fort obstacle à de pareils aveux.
L'Amant qui voit pour luy franchir un tel obstacle,
Doit il impunement douter de cet Oracle ?
Et n'est il pas coupable, alors qu'il ne croit pas,
Ce qu'on ne dit jamais qu'aprés de grands combats.
E L I S E.
Moy, je tiens que toûjours un peu de défiance,
En ces occasions n'a rien qui nous offence ;
Et qu'il est dangereux qu'un cœur qu'on a charmé,
Soit trop persuadé, Madame, d'estre aimé.
Si......
D.   E L U I R E.
        N'en disputons plus, chacun a sa pensée,
C'est un scrupule, enfin, dont mon ame est blessée;
Et contre mes desirs, je sens je ne sçay quoy,
Me prédire un éclat entre le Prince & moy ;
Qui malgré ce qu'on doit aux vertus dont il brille.
Mais ô Ciel ! en ces lieux, D. Sylve de Castille ;
Ah ! Seigneur, par quel sort vous vois-je main-
        tenant ?

S C E N E   II.

D. SYLVE, D. ELUIRE, ELISE.

D.   S Y L V E.
JE sçay que mon abord, Madame, est surprenant,
Et qu'estre sans éclat entré dans cette Ville,
Dont l'ordre d'un Rival rend l'accez difficile ;
Qu'avoir pû me soustraire aux yeux de ses Soldats,

I 5   C'est

C'eſt un évenement que vous n'atte. diez pas.
Mais ſi j'ay dans ces lieux franchi quelques obſtacles
L'ardeur de vous revoir peut bien d'autres miracles.
Tout mon cœur a ſenti par de trop rudes coups
Le rigoureux deſtin d'eſtre éloigné de vous ;
Et je n'ay pû nier au tourment qui le tuë,
Quelques momens ſecrets d'une ſi chere veuë.
Je viens vous dire donc que je rends grace aux Cieux
De vous voir hors des mains d'un Tyran odieux ;
Mais parmy les douceurs d'une telle avanture,
Ce qui m'eſt un ſujet d'éternelle torture,
C'eſt de voir qu'à mon bras les rigueurs de mon ſort
Ont envié l'honneur de cet illuſtre effort,
Et fait à mon Rival, avec trop d'injuſtice,
Offrir les doux perils d'un ſi fameux ſervice ;
Oüy, Madame, j'avois pour rompre vos liens
Des ſentimens ſans doute auſſi beaux que les ſiens ;
Et je pouvois pour vous gagner cette victoire,
Si le Ciel n'euſt voulu m'en dérober la gloire.

D. ELUIRE.

Je ſçay, Seigneur, je ſçay, que vous avez un
      cœur,
Qui des plus grands perils vous peut rendre vain-
      queur ;
Et je ne doute point que ce genereux zele,
Dont la chaleur vous pouſſe à vanger ma querelle,
N'euſt contre les efforts d'un indigne projet
Pû faire en ma faveur tout ce qu'un autre a fait,
Mais ſans cette action, dont vous eſtiez capable,
Mon ſort a la Caſtille eſt aſſez redevable ;
On ſçait ce qu'en amy, plein d'ardeur & de foy,
Le Comte voſtre Pere a fait pour le feu Roy.
Aprés l'avoir aidé, juſqu'à l'heure derniere,
Il donne en ſes Eſtats un azile à mon Frere.
Quatre Luſtres entiers, il y cache ſon ſort,
Aux barbares fureurs de quelque lache effort ;
Et pour rendre à ſon front l'éclat d'une Couronne,
Contre nos raviſſeurs vous marchez en perſonne.
                              N'eſtes-

N'eftes-vous pas content, & ces foins genereux,
Ne m'attachent-ils point par d'affez puiffans
          nœuds ?
Quoy voftre ame, Seigneur, feroit-elle obftinée
A vouloir afervir toute ma deftinée;
Et faut-il que jamais il ne tombe fur nous
L'ombre d'un feul bien-fait qu'il ne vienne de
          vous ?   (pofe,
Ah ! fouffrez dans les maux, où mon deftin m'ex-
Qu'aux foins d'un autre auffi, je doive quelque
          chofe :
Et ne vous plaignez point de voir un autre bras,
Acquerir de la gloire, où le voftre n'eft pas.
          D. S Y L V E.
Oüy, Madame, mon cœur doit ceffer de s'en
          plaindre,
Avec trop de raifon vous voulez m'y contraindre,
Et c'eft injuftement qu'on fe plaint d'un malheur,
Quand un autre plus grand s'offre à noftre douleur.
Ce fecours d'un Rival m'eft un cruel martyre;
Mais, helas ! de mes maux, ce n'eft pas là le pire,
Le coup, le rude coup, dont je fuis atterré,
C'eft de me voir par vous ce Rival preferé.   (re
Oüy, je ne vois que trop, que fes feux pleins de gloi-
Sur les miens dans vôtre ame emportent la victoire;
Et cette occafion de fervir vos appas,
Cet avantage offert de fignaler fon bras,
Cet éclatant exploit qui vous fut falutaire,
N'eft que le pur effet du bonheur de vous plaire;
Que le fecret pouvoir d'un aftre merveilleux,
Qui fait tomber la gloire, où s'attachent vos vœux.
Ainfi tous mes efforts ne feront que fumée,
Contre vos fiers Tyrans je conduis une armée.
Mais je marche en tremblant à cet illuftre employ,
Affuré que vos vœux ne feront pas pour moy,
Et que s'ils font fuivis, la fortune prepare   (re.
L'heur des plus beaux fuccez aux foins de la Navar-
Ah ! Madame, faut-il me voir precipité

De l'espoir glorieux dont je m'estois flatté ;
Et ne puis je sçavoir quels crimes on m'impute,
Pour avoir merité cette effroyable cheute ?

D. ELVIRE.

Ne me demandez rien avant que regarder,
Ce qu'à mes sentimens vous devez demander ;
Et sur cette froideur qui semble vous confondre,
Répondez-vous, Seigneur, ce que je puis répondre ;
Car enfin tous vos soins ne sçauroient ignorer
Quels secrets de vostre ame on m'a sçeu déclarer.
Et je la crois cette ame, & trop noble, & trop haute,
Pour vouloir m'obliger à commettre une faute ;
Vous-mesme, dites vous, s'il est de l'équité,
De me voir couronner une infidelité.
Si vous pouviez m'offrir, sans beaucoup d'injustice
Un cœur à d'autres yeux offert en sacrifice ;
Vous plaindre avec raison, & blâmer mes refus,
Lors qu'ils veulent d'un crime affranchir vos vertus.
Oüy, Seigneur, c'est un crime & les premieres flâmes
Ont des droits si sacrez sur les illustres ames,
Qu'il faut perdre grandeurs, & renoncer au jour,
Plûtost que de pancher vers un second amour.
J'ay pour vous cete ardeur que peut prendre l'estime
Pour un courage haut, pour un cœur magnanime ;
Mais n'exigez de moy que ce que je vous dois,
Et soûtenez l'honneur de vostre premier choix.
Malgré vos feux nouveaux, voyez quelle tendresse
Vous conserve le cœur de l'aimable Comtesse ;
Ce que pour un ingrat (car vous l'estes Seigneur,)
Elle a d'un choix constant refusé le bonheur.
Quel mépris genereux dans son ardeur extrême,
Elle a fait de l'éclat, que donne un Diademe ;
Voyez combien d'efforts pour vous elle a bravez,
Et rendez à son cœur, ce que vous luy devez.

D. SYLVE.

Ah! Madame, à mes yeux n'offrez point son merite ;
Il n'est que trop present à l'ingrat qui la quitte ;
Et si mon cœur vous dit, ce que pour elle il sent,

J'ay

J'ay peur qu'il ne soit pas envers vous innocent.
Oüy, ce cœur l'ose plaindre, & ne suit pas sans peine
L'imperieux effort de l'amour qui l'entraisne.
Aucun espoir pour vous n'a flatté mes desirs,
Qui ne m'ait arraché pour elle des soûpirs ;
Qui n'ait dans ses douceurs fait jetter à mon ame,
Quelques tristes regards vers sa premiere flame ;
Se reprocher l'effet de vos divins attraits,
Et mesler des remords à mes plus chers souhaits.
J'ay fait plus que cela, puisqu'il vous faut tout dire,
Oüy, j'ay voulu sur moy vous oster vostre empire,
Sortir de vostre chaisne, & rejetter mon cœur,
Sous le joug innocent de son premier vainqueur.
Mais aprés mes efforts ma constance abbatuë
Voit un cours necessaire à ce mal qui me tuë ;
Et deust estre mon sort à jamais malheureux,
Je ne puis renoncer à l'espoir de mes vœux ;
Je ne sçaurois souffrir l'épouvantable idée
De vous voir par un autre à mes yeux possedée ;
Et le flambeau du jour qui m'offre vos appas,
Doit avant cet Hymen éclairer mon trépas.
Je sçay que je trahis une Princesse aimable,
Mais, Madame, aprés tout mon cœur est-il cou-
    pable ?
Et le fort ascendant, que prend vostre beauté,
Laisse-t-il aux esprits aucune liberté ?
Helas ! je suis icy bien plus à plaindre qu'elle,
Son cœur, en me perdant, ne perd qu'un infidelle.
D'un pareil déplaisir on se peut consoler ;
Mais moy par un malheur qui ne peut s'egaler,
J'ay celuy de quitter une aimable personne,
Et tous les maux encor que mon amour me donne.

D. E L U I R E.

Vous n'avez que les maux que vous voulez avoir,
Et toûjours nostre cœur est en nostre pouvoir ;
Il peut bien quelquefois montrer quelque foiblesse,
Mais enfin, sur nos sens, la raison, la maistresse. ...

I 7   S C E-

S C E N E III.

D. GARCIE, D. ELUIRE, D. SYLVE.

D. GARCIE.

MAdame, mon abord, comme je connois bien,
Aſſez mal-à propos trouble voſtre entretien;
Et mes pas en ce lieu, s'il faut que je le die,
Ne croyoient pas trouver ſi bonne compagnie.

D. ELUIRE.

Cette veuë, en effet, ſurprend au dernier poinct,
Et de meſme que vous, je ne l'attendois point.

D. GARCIE.

Oüy, Madame, je croy, que de cette viſite,
Comme vous l'aſſurez, vous n'eſtiez point inſtruite;
Mais, Seigneur, vous deviez nous faire au moins
    l'honneur
De nous donner avis de ce rare bonheur;
Et nous mettre en eſtat, ſans nous vouloir ſurprendre
De vous rendre en ces lieux, ce qu'on voudroit vous
    rendre.

D. SYLVE.

Les heroïques ſoins vous occupent ſi fort,
Que de vous en tirer, Seigneur, j'aurois eu tort;
Et des grands Conquerans les ſublimes penſées
Sont aux civilitez avec peine abaiſſées.

D. GARCIE.

Mais les grands Conquerans, dont on vante les
    ſoins,
Loin d'aimer le ſecret, affectent les témoins,
Leur ame dés l'enfance à la gloire élevée,
Les fait dans leurs projets aller teſte levée;
Et s'appuyant toûjours ſur des hauts ſentimens,
Ne s'abaiſſe jamais à des déguiſemens.
Ne commettez vous point vos vertus heroïques,
En paſſant dans ces lieux par des ſourdes prati-
    ques;

Et

Et ne craignez vous point, qu'on puiſſe aux yeux de
   tous
Trouver cette action trop indigne de vous?
D. SYLVE.

Je ne ſçay ſi quelqu'un blâmera ma conduite,
Au ſecret que j'ay fait d'une telle viſite;
Mais je ſçay qu'aux projets qui veulent la clarté,
Prince, je n'ay jamais cherché l'obſcurité.
Et quand j'auray ſur vous à faire une entrepriſe,
Vous n'aurez pas ſujet de blâmer la ſurpriſe;
Il ne tiendra qu'à vous de vous en garantir,
Et l'on prendra le ſoin de vous en avertir.
Cependant demeurons aux termes ordinaires,
Remettons nos debats aprés d'autres affaires;
Et d'un ſang un peu chaud reprimant les boüillons,
N'oublions pas tous deux, devant qui nous par-
   lons.
D. ELUIRE.

Prince, vous avez tort, & ſa viſite eſt telle,
Que vous.....
D. GARCIE.

      Ah! c'en eſt trop que prendre ſa querelle,
Madame, & voſtre eſprit devroit feindre un peu
   mieux,
Lors qu'il veut ignorer ſa venuë en ces lieux.
Cette chaleur ſi prompte, à vouloir la défendre,
Perſuade aſſez mal, qu'elle ait pû vous ſurprendre.
D. ELUIRE.

Quoy que vous ſoupçonniez, il m'importe ſi peu,
Que j'aurois du regret d'en faire un deſaveu.
D. GARCIE.

Pouſſez donc juſqu'au bout cet orgueil heroïque,
Et que ſans heſiter tout voſtre cœur s'explique;
C'eſt au déguiſement donner trop de credit;
Ne deſavouez rien, puiſque vous l'avez dit.
Tranchez, tranchez le mot, forcez toute con-
   trainte,
Dites que de ſes feux vous reſſentez l'atteinte;
Que

Que pour vous sa presence a des charmes si doux....
          D. ELUIRE.
Et si je veux l'aimer m'en empescherez-vous ?
Avez vous sur mon cœur quelque empire à preten-
     dre,   (prendre ?
Et pour regler mes vœux ai-je vostre ordre à
Sçachez que trop d'orgüeil a pû vous décevoir,
Si vostre cœur sur moy s'est crû quelque pouvoir ;
Et que mes sentimens sont d'une ame trop grande
Pour vouloir les cacher , lors qu'on me les de-
     mande.
Je ne vous diray point si le Comte est aymé,
Mais apprenez de moy qu'il est fort estimé,
Que ses hautes vertus, pour qui je m'interesse,
Meritent mieux que vous les vœux d'une Princesse,
Que je garde aux ardeurs , aux soins qu'il me
     fait voir
Tout le ressentiment qu'une ame puisse avoir.
Et que si des destins la fatale puissance,
M'oste la liberté d'estre sa recompense ;
Au moins est il en moy de promettre à ses vœux ,
Qu'on ne me verra point le butin de vos feux.
Et sans vous amuser d'une attente frivole ,
C'est à quoy je m'engage , & je tiendray parole.
Voilà mon cœur ouvert , puisque vous le voulez,
Et mes vrais sentimens à vos yeux étalez ;
Estes vous satisfait, & mon ame attaquée,
S'est-elle à vostre avis assez bien expliquée ?
Voyez pour vous oster tout lieu de soupçonner,
S'il reste quelque jour encor à vous donner ;
Cependant si vos soins s'attachent à me plaire,
Songez que vostre bras , Comte, m'est necessaire ;
Et d'un capricieux , quels que soient les transports ,
Qu'à punir nos Tyrans il doit tous ses efforts.
Fermez l'oreille, enfin, à toute sa furie,
Et pour vous y porter, c'est moy qui vous en prie.

              S C E-

SCENE. IV.

D. GARCIE, D. SYLVE.

D. GARCIE.

Tout vous rit, & voftre ame en cette occafion
Joüit furperbement de ma confufion ;
Il vous eft doux de voir un aveu plein de gloire,
Sur les feux d'un Rival marquer voftre victoire ;
Mais c'eft à voftre joye un furcroift fans égal,
D'en avoir pour témoins les yeux de ce Rival ;
Et mes pretentions hautement étouffées,
A vos vœux triomphans font d'illuftres trophées ;
Goûtez à pleins tranfports ce bonheur éclatant,
Mais fçachéz qu'on n'eft pas encor où l'on pre-
tend.
La fureur qui m'anime a de trop juftes caufes,
Et l'on verra peut-eftre arriver bien des chofes ;
Un defefpoir va loin quand il eft efchappé,
Et tout eft pardonnable à qui fe voit trompé.
Si l'ingrate à mes yeux pour flatter voftre flame,
A jamais n'eftre à moy, vient d'engager fon ame ;
Je fçauray bien trouver dans mon jufte courroux
Les moyens d'empefcher qu'elle ne foit à vous.

D. SYLVE.

Cet obftacle n'eft pas ce qui me met en peine,
Nous verrons quelle attente en tout cas fera vaine,
Et chacun de fes feux pourra par fa valeur,
Ou défendre la gloire, ou vanger le malheur.
Mais comme entre Rivaux, l'ame la plus pofée,
A des termes d'aigreur, trouve une pente aifée,
Et que je ne veux point qu'un pareil entretien
Puifle trop échauffer voftre efprit, & le mien ;
Prince, affranchiffez-vous d'une gefne fecrete,
Et me donnez moyen de faire ma retraite.

D. GARCIE.

Non, non, ne craignez point qu'on pouffe voftre
efprit,

A violer icy l'ordre qu'on vous prescrit ;
Quelque juste fureur qui me presse , & vous flatte,
Je sçay , Comte , je sçay , quand il faut qu'elle
    éclate.
Ces lieux vous sont ouverts , oüy, sortez-en, sortez,
Glorieux des douceurs que vous en remportez ;
Mais encor une fois , apprenez que ma teste
Peut seule dans vos mains mettre vostre conqueste.

D. S y l v e.

Quand nous en serons-là , le sort en nostre bras,
De tous nos interests vuidera les debats.

Fin du troisiéme Acte.

ACTE IV,

SCENE I.

D. ELUIRE, D. ALVAR.

D. Eluire.

Etournez, D. Alvar, & perdez l'espe-
    rance,
De me persuader l'oubly de cette of-
    fence ;
Cette playe en mon cœur ne sçauroit se guerir,
Et les soins qu'on en prend ne font rien que l'aigrir.
A quelques faux respects croit il que je defere ?
Non , non , il a poussé trop avant ma colere ;
Et son vain repentir qui porte icy vos pas,
Sollicite un pardon que vous n'obtiendrez pas.

D. Alvar.

Madame, il fait pitié, jamais cœur que je pense,
Par un plus vif remors n'expia son offence ;
Et si dans sa douleur vous le consideriez,
Il toucheroit vostre ame, & vous l'excuseriez.
On sçait bien que le Prince est dans un âge à suivre
Les premiers mouvemens où son ame se livre,
                Et

Et qu'en un sang boüillant, toutes les passions
Ne laissent guere place à des reflexions.
Dom Lope prévenu d'une fausse lumiere,
De l'erreur de son Maistre, a fourni la matiere;
Un bruit assez confus, dont le zele indiscret,
A de l'abord du Comte eventé le secret,
Vous avoit mise aussi de cette intelligence,
Que dans ces lieux gardez à donné sa presence,
Le Prince a creu l'avis, & son amour seduit,
Sur une fausse allarme a fait tout ce grand bruit;
Mais d'une telle erreur son ame est revenuë,
Vostre innocence, enfin, luy vient d'estre connuë,
Et D. Lope, qu'il chasse, est un visible effet,
Du vif remords qu'il sent de l'éclat qu'il a fait.

D. E L U I R E.

Ah! c'est trop promptement qu'il croit mon inno-
cence,
Il n'en a pas encor une entiere assurance;
Dites-luy, dites luy, qu'il doit bien tout peser,
Et ne se haster point, de peur de s'abuser.

D. A L V A R.

Madame, il sçait trop bien. . . .

D. E L U I R E.

Mais, D. Alvar, de grace,
N'étendons pas plus loin un discours qui me lasse,
Il réveille un chagrin qui vient à contre temps,
En troubler dans mon cœur d'autres plus importans,
Oüy, d'un trop grand mal-heur la surprise me presse,
Et le bruit du trépas de l'illustre Comtesse,
Doit s'emparer si bien de tout mon déplaisir,
Qu'aucun autre soucy n'a droit de me saisir.

D. A L V A R.

Madame, ce peut estre une fausse nouvelle,
Mais mon retour au Prince, en porte une cruelle.

D. E L U I R E.

De quelque grand ennuy qu'il puisse estre agité,
Il en aura toûjours moins qu'il n'a merité.

S C E-

SCENE II.

D. ELUIRE, ELISE

ELISE.

J'Attendois qu'il sortist, Madame, pour vous dire,
Ce qu'il veut maintenant que vostre ame respire,
Puisque vostre chagrin dans un moment d'icy,
Du sort de Done Ignés peut se voir éclaircy.
Un inconnu qui vient pour cette confidence,
Vous fait par un des siens demander audiance.

D. ELUIRE.

Elise, il faut le voir, qu'il vienne promptement.

ELISE.

Mais il veut n'estre veu que de vous seulement;
Et par cet Envoyé, Madame, il sollicite,
Qu'il puisse sans témoins vous rendre sa visite.

D. ELUIRE.

Hé, bien nous serons seuls, & je vais l'ordonner,
Tandis que tu prendras le soin de l'amener.
Que mon impatience en ce moment est forte!
O destins, est-ce joye, ou douleur qu'on m'ap-
porte?

SCENE III.

D. PEDRE, ELISE.

ELISE.

Ou...

D. PEDRE.

Si vous me cherchez, Madame, me voicy.

ELISE.

En quel lieu vostre Maistre...

D. PEDRE.

Il est proche d'icy,

Le feray-je venir?

ELI-

ELISE.

Dites-luy qu'il s'avance,
Asſuré qu'on l'attend avec impatience,
Et qu'il ne ſe verra d'aucuns yeux eſclairé.
Je ne ſçay quel ſecret en doit eſtre auguré,
Tant de precautions qu'il affecte de prendre....
Mais le voicy desja.

SCENE IV.

D. IGNES, ELISE.

ELISE.

SEigneur, pour vous attendre
On a fait.... Mais que voi-je, ha! Madame, mes
    yeux.
D. IGNES *en habit de Cavalier.*
Ne me deſcouvrez point, Eliſe, dans ces lieux,
Et laiſſez reſpirer ma triſte deſtinée,
Sous une feinte mort, que je me ſuis donnée.
C'eſt elle qui m'arrache à tous mes fiers Tyrans;
Car je puis ſous ce nom comprendre mes parens;
J'ay par elle évité cet Hymen redoutable,
Pour qui j'aurois ſouffert une mort veritable;
Et ſous cet équipage, & le bruit de ma mort,
Il faut cacher à tous le ſecret de mon ſort,
Pour me voir à l'abry de l'injuſte pourſuite,
Qui pourroit dans ces lieux perſecuter ma fuite.
ELISE.
Ma ſurpriſe en public eut trahi vos deſirs,
Mais allez là dedans eſtouffer des ſoûpirs;
Et des charmans tranſports d'une pleine allegreſſe,
Saiſir à voſtre aſpect le cœur de la Princeſſe;
Vous la trouverez ſeule, elle meſme a pris ſoin
Que voſtre abord fuſt libre, & n'euſt aucun temoin;
Vois-je pas D. Alvar?

SCE-

SCENE V.

D. ALVAR, ELISE.

D. ALVAR.

LE Prince me renvoye,
Vous prier que pour luy voſtre credit s'employe,
De ſes jours, belle Eliſe, on doit n'eſperer rien,
S'il n'obtient par vos ſoins un moment d'entretien.
Son ame a des tranſports... Mais le voicy luy-mê-
me.

SCENE VI.

D. GARCIE, D. ALVAR, ELISE.

D. GARCIE.

AH! ſois un peu ſenſible à ma diſgrace extrême,
Eliſe, & prend pitié d'un cœur infortuné,
Qu'aux plus vives douleurs tu vois abandonné.

ELISE.

C'eſt avec d'autres yeux que ne fait la Princeſſe,
Seigneur, que je verrois le tourment qui vous preſſe;
Mais nous avons du Ciel, ou du temperament,
Que nous jugeons de tout chacun diverſement.
Et puis qu'elle vous blâme, & que ſa fantaiſie,
Luy fait un monſtre affreux de voſtre jalouſie;
Je ſerois complaiſant & voudrois m'efforcer
De cacher à ſes yeux, ce qui peut les bleſſer.
Un Amant ſuit ſans doute une utile methode,
S'il fait qu'à noſtre humeur la ſienne s'accommode.
Et cent devoirs font moins que ces ajuſtemens,
Qui font croire en deux cœurs les meſmes ſenti-
mens.
L'art de ces deux rapports fortement les aſſemble,
Et nous n'aimons rien tant, que ce qui nous reſ-
ſemble.

D. GAR-

D. G A R C I E.

Je le sçay, mais helas ! les destins inhumains,
S'opposent à l'effet de ces justes desseins ;
Et malgré tous mes soins viennent toûjours me
        tendre
Un piege, dont mon cœur ne sçauroit se défendre;
Ce n'est pas que l'ingrate aux yeux de mon Rival,
N'ait fait contre mes feux un aveu trop fatal;
Et témoigné pour luy des excez de tendresse,
Dont le cruel objet me reviendra sans cesse:
Mais comme trop d'ardeur, enfin, m'avoit seduit,
Quand j'ay creu qu'en ces lieux elle l'ait introduit,
D'un trop cuisant ennuy je sentirois l'atteinte,
A luy laisser sur moy quelque sujet de plainte.
Oüy, je veux faire au moins, si je m'en vois quit-
        té,
Que ce soit de son cœur pure infidelité ;
Et venant m'excuser d'un trait de promptitude,
Dérober tout pretexte à son ingratitude.

E L I S E.

Laissez un peu de temps à son ressentiment,
Et ne la voyez point, Seigneur, si promptement.

D. G A R C I E.

Ah ! si tu me cheris, obtiens que je la voye,
C'est une liberté qu'il faut qu'elle m'octroye;
Je ne pars point d'icy qu'au moins son fier dedain.

E L I S E.

De grace differez l'effet de ce dessein.

D. G A R C I E.

Non, ne m'oppose point une excuse frivole.

E L I S E.

Il faut que ce soit elle, avec une parole,
Qui trouve les moyens de le faire en aller;
Demeurez-donc, Seigneur, je m'en vais luy parler.

D. G A R C I E.

Dy luy, que j'ay d'abord banny de ma presence,
Celuy dont les avis ont causé mon offence.
Que D. Lope jamais….,

                         S C E.

SCENE VII.

D. GARCIE, D. ALVAR.

D. GARCIE.

Que vois je! ô justes Dieux,
Faut-il que je m'assure au rapport de mes yeux?
Ah! sans doute ils me sont des tesmoins trop fi-
delles.
Voilà le comble affreux de mes peines mortelles.
Voicy le coup fatal qui devoit m'accabler,
Et quand par des soupçons je me sentois troubler,
C'estoit, c'estoit le Ciel, dont la sourde menace
Presageoit à mon cœur cette horrible disgrace.

D. ALVAR.

Qu'avez-vous veu, Seigneur, qui vous puisse es-
mouvoir?

D. GARCIE.

J'ay veu ce que mon ame a peine à concevoir,
Et le renversement de toute la nature
Ne m'etonneroit pas comme cette avanture.
C'en est fait... le destin... je ne sçaurois parler,

D. ALVAR.

Seigneur, que vostre esprit tâche à se rapeller.

D. GARCIE.

J'ay veu... vangeance, ô Ciel.

D. ALVAR.

Quelle atteinte soudaine...

D. GARCIE.

J'en mourray, D. Alvar, la chose est bien cer-
taine.

D. ALVAR.

Mais, Seigneur, qui pourroit...

D. GARCIE.

Ah! tout est ruiné;
Je suis, je suis trahi, je suis assassiné;

Un

Un homme, sans mourir te le puis-je bien dire,
Un homme dans les bras de l'infidelle Eluire?
D. ALVAR.
Ah! Seigneur, la Princesse est vertueuse au point,
D. GARCIE.
Ah! sur ce que j'ay veu, ne me contestez point.
D. Alvar, c'en est trop que soûtenir sa gloire,
Lorsque mes yeux sont foy d'une action si noire.
D. ALVAR.
Seigneur, nos passions nous font prendre souvent
Pour chose veritable un objet decevant;
Et de croire qu'une ame à la vertu nourrie,
Se puisse . . . . .
D. GARCIE.
D. Alvar, laissez moy je vous prie,
Un Conseiller me choque en cette occasion,
Et je ne prens avis que de ma passion.
D. ALVAR.
Il ne faut rien répondre à cet esprit farouche.
D. GARCIE.
Ah! que sensiblement cette atteinte me touche;
Mais il faut voir qui c'est, & de ma main punir....
La voicy, ma fureur, te peux-tu retenir?

SCENE VIII.

D. ELUIRE, D. GARCIE, D. ALVAR,

D. ELUIRE,

HE' bien que voulez-vous, & quel espoir, de
grace,
Aprés vos procedez peut flater votre audace?
Osez-vous à mes yeux encor vous presenter,
Et que me direz-vous que je doive écouter?
D. GARCIE.
Que toutes les horreurs, dont une ame est capable
A vos déloyautez n'ont rien de comparable,

K   Que

Que le fort, les demons & le Ciel en courroux,
N'ont jamais rien produit de si méchant que vous.

D. ELUIRE.

Ah ! vrayment j'attendois l'excuse d'un outrage,
Mais à ce que je vois, c'est un autre langage.

D. GARCIE.

Oüy, oüy, c'en est un autre, & vous n'atten-
   diez pas
Que j'eusse découvert le traistre dans vos bras,
Qu'un funeste hasard par la porte entr'ouverte,
Eust offert à mes yeux vostre honte, & ma perte.
Est-ce l'heureux Amant sur ses pas revenu,
Ou quelque autre Rival qui m'estoit inconnu ?
O Ciel ! donne à mon cœur des forces suffisantes
Pour pouvoir supporter des douleurs si cuisantes.
Rougissez maintenant, vous en avez raison,
Et le masque est levé de vostre trahison.
Voilà ce que marquoient les troubles de mon ame,
Ce n'estoit pas en vain que s'allarmoit ma flame ;
Par ces frequens soupçons qu'on trouvoit odieux,
Je cherchois le malheur qu'ont réncontré mes yeux.
Et malgré tous vos soins, & vostre adresse à feindre,
Mon astre me disoit ce que j'avois à craindre ;
Mais ne presumez pas que sans estre vangé,
Je souffre le dépit de me voir outragé.
Je sçay que sur les vœux on n'a point de puissance,
Que l'amour veut par tout naistre sans dependance,
Que jamais par la force on n'entra dans un cœur,
Et que toute ame est libre à nommer son vainqueur
Aussi ne trouverois-je aucun sujet de plainte,
Si pour moy vostre bouche avoit parlé sans feinte,
Et son arrest livrant mon espoir à la mort,
Mon cœur n'auroit eu droit de s'en prendre
   qu'au fort.
Mais d'un aveu trompeur voir ma flâme applaudie,
C'est une trahison, c'est une perfidie,
Qui ne sçauroit trouver de trop grands châtimens,
Et je puis tout permettre à mes ressentimens ;

Non,

Non, non, n'esperez rien aprés un tel outrage,
Je ne suis plus à moy, je suis tout à la rage,
Trahy de tous coftez, mis dans un trifte eftat,
Il faut que mon amour se vange avec eclat,
Qu'icy j'immole tout à ma fureur extrême,
Et que mon defefpoir acheve par moy-mefme.

D. E L U I R E.

Affez paifiblement vous a-t-on écouté,
Et pourray-je à mon tour parler en liberté?

D. G A R C I E.

Et par quels beaux difcours que l'artifice infpire.....

D. E L U I R E.

Si vous avez encor quelque chofe à me dire,
Vous pouvez l'ajoûter, je suis prefte à l'oüir,
Si non, faites au moins que je puifle joüir
De deux, ou trois momens de paifible audience.

D. G A R C I E.

Hé bien, j'écoute, ô Ciel, quelle eft ma patience.

D. E L U I R E.

Je force ma colere, & veux fans nulle aigreur,
Répondre à ce difcours fi rempli de fureur.

D. G A R C I E.

C'eft que vous voyez bien.....

D. E L U I R E.

Ah! j'ay prefté l'oreille,
Autant qu'il vous a pleu; rendez-moy la pareille.
J'admire mon deftin, & jamais fous les Cieux,
Il ne fut rien, je croy, de fi prodigieux,
Rien dont la nouveauté foit plus inconcevable,
Et rien que la raifon rende moins fupportable.
Je me vois un Amant, qui fans fe rebuter,
Applique tous fes foins à me perfecuter,
Qui dans tout cet amour que fa bouche m'exprime,
Ne conferve pour moy nul fentiment d'eftime,
Rien au fond de ce cœur qu'ont pû bleffer mes
    yeux,
Qui faffe droit au fang que j'ay reçû des Cieux,
Et de mes actions défende l'innocence

Contre le moindre effort d'une fauſſe apparence,
Oüy, je vous . . . . . ah! ſur tout ne m'interrom-
      pez point,
Je vois, dis-je, mon ſort malheureux à ce point,
Qu'un cœur qui dit qu'il m'ayme, & qui doit faire
      croire,
Que quand tout l'Univers douteroit de ma gloire,
Il voudroit contre tous en eſtre le garant,
Eſt celuy qui s'en fait l'ennemy le plus grand.
On ne voit échaper aux ſoins que prend la flame
Aucune occaſion de ſoupçonner mon ame;
Mais c'eſt peu des ſoupçons, il en fait des éclats,
Que ſans eſtre bleſſé l'amour ne ſouffre pas.
Loin d'agir en Amant, qui plus que la mort
      meſme
Apprehende toûjours d'offenſer ce qu'il ayme,
Qui ſe plaint doucement, & cherche avec reſpect
A pouvoir s'éclaircir de ce qu'il croit ſuſpect.
A toute extremité dans ſes doutes il paſſe,
Et ce n'eſt que fureur, qu'injure, & que menace;
Cependant aujourd'huy je veux fermer les yeux
Sur tout ce qui devoir me le rendre odieux,
Et luy donner moyen par une bonté pure
De tirer ſon ſalut d'une nouvelle injure.
Ce grand emportement qu'il m'a falu ſouffrir,
Tiré de ce qu'à vos yeux le hazard vient d'offrir,
J'aurois tort de vouloir démentir votre veuë,
Et votre ame ſans doute a dû paroiſtre émeuë.

D. GARCIE.

Et n'eſt ce pas . . . . .

D. ELUIRE.

                  Encor un peu d'attention,
Et vous allez ſçavoir ma reſolution.
Il faut que de nous deux le deſtin s'accompliſſe,
Vous eſtes maintenant ſur un grand precipice,
Et ce que voſtre cœur pourra deliberer,
Va vous y faire choir, ou bien vous en tirer.
Si malgré cet objet qui vous a pû ſurprendre,
                              Prince,

Prince, vous me rendez ce que vous devez rendre,
Et ne demandez point d'autre preuve que moy
Pour condamner l'erreur du trouble où je vous voy.
Si de vos sentimens la prompte défiance,
Veut sur ma seule foy croire mon innocence,
Et de tous vos soupçons démentir le crédit,
Pour croire aveuglement ce que mon cœur vous
    dit ;
Cette soûmission, cette marque d'estime,
Du passé dans ce cœur efface tout le crime.
Je retracte à l'instant, ce qu'un juste courroux
M'a fait dans la chaleur prononcer contre vous ;
Et si je puis un jour choisir ma destinée,
Sans choquer les devoirs du rang ou je suis née,
Mon honneur satisfait par ce respect si plein
Promet à votre amour & mes vœux, & ma main ;
Mais prestez bien l'oreille à ce que je vais dire,
Si cet offre sur vous obtient si peu d'empire,
Que vous me refusiez de mettre entre nous,
Un sacrifice entier de vos soupçons jaloux ;
S'il ne vous suffit pas de toute l'asseurance
Que vous peuvent donner mon cœur, & ma naif-
    sance,
Et que de votre esprit les ombrages qui flûs
Forcent mon innocence à combattre vos feus,
Et porter à vos yeux l'indigne témoignage
D'une vertu sincere à qui l'on fait outrage ;
Je suis preste à le faire, & vous ferez content,
Mais il vous faut de moy détacher à l'instant,
A mes vœux pour jamais renoncer de vous même,
Et j'atteste du Ciel la puissance suprême,
Que quoy que le destin puisse ordonner de nous,
Je choisiray plûtost d'estre à la mort qu'à vous ;
Voilà dans ces deux choix de quoy vous satisfaire,
Avisez maintenant celuy qui peut vous plaire.

D. G A R C I E.

Juste Ciel ! jamais rien peut il estre inventé
Avec plus d'artifice, & de déloyauté ?

K 3

Tout

Tout ce que des Enfers la malice étudie,
A-t'il rien de si noir que cette perfidie,
Et peut-elle trouver dans toute sa rigueur
Un plus cruel moyen d'embarasser un cœur ?
Ah ! que vous sçavez bien icy contre moy-mesme,
Ingrate, vous servir de ma foiblesse extrême,
Et ménager pour vous l'effort prodigieux
De ce fatal amour né de vos traistres yeux,
Parce qu'on est surprise, & qu'on manque d'excuse,
D'un offre de pardon on emprunte la ruse,
Voftre feinte douceur forge un amusement,
Pour divertir l'effet de mon ressentiment;
Et par le nœud subtil du choix qu'elle embarasse,
Veut soustraire un perfide au coup qui le menace.
Oüy, vos dexteritez veulent me detourner
D'un éclaircissement qui vous doit condamner;
Et voftre ame feignant une innocence entiere
Ne s'offre a m'en donner une pleine lumiere,
Qu'à des conditions qu'aprés d'ardans soûhaits,
Vous pensez que mon cœur n'acceptera jamais;
Mais vous serez trompée en me croyant surpren-
    dre,
Oüy, oüy, je pretends voir ce qui doit vous dé-
    fendre,
Et quel fameux prodige accusant ma fureur,
Peut de-ce que j'ay veu justifier l'horreur.

D. ELVIRE.

Songez que par ce choix vous allez vous prescrire
De ne plus rien pretendre au cœur de Donne Elvire.

D. GARCIE.

Soit, je soufcris à tout, & mes vœux aussi bien,
En l'eftat où je suis, ne pretendent plus rien.

D. ELVIRE.

Vous vous repentirez de l'eclat que vous faites.

D. GARCIE.

Non, non, tous ces discours sont de vaines dé-
    faites,
Et c'eft moy bien plûtoft qui dois vous avertir,
Que

Que quelqu'autre dans peu se pourra repentir ;
Le traistre, quel qu'il soit, n'aura pas l'avantage
De dérober sa vie à l'effort de ma rage.

D. E L U I R E.

Ah ! c'est trop en souffrir, & mon cœur irrité
Ne doit plus conserver une sotte bonté ;
Abandonnons l'ingrat à son propre caprice,
Et puis qu'il veut perir, consentons qu'il perisse ;
Elise..... A cet éclat vous voulez me forcer,
Mais je vous apprendray que c'est trop m'offenser.

Elise entre.

Faites un peu sortir la personne cherie.....
Allez , vous m'entendez, dites que je l'en prie.

D. G A R C I E.

Et je puis.....

D. E L U I R E.

Attendez vous ferez satisfait.

E L I S E.

Voicy de son jaloux sans doute un nouveau trait.

D. E L U I R E.

Prenez garde qu'au moins cette noble colere,
Dans la mesme fierté, jusqu'au bout persevere ;
Et sur tout desormais songez bien à quel prix
Vous avez voulu voir vos soupçons éclaircis.
Voicy, graces au Ciel, ce qui les a fait naistre,
Ces soupçons obligeans que l'on me fait paroistre,
Voyez bien ce visage, & si de Done Ignés,
Vos yeux au mesme instant n'y connoissent les
traits.

SCENE IX.

D. GARCIE, D. ELUIRE, D. IGNES, D. ALVAR, ELISE.

D. GARCIE.

O Ciel !

D. ELUIRE.

Si la fureur dont voftre ame eft émuë,
Vous trouble jufques là l'ufage de la veuë,
Vous avez d'autres yeux à pouvoir confulter,
Qui ne vous laifferont aucun lieu de douter.
Sa mort eft une adreffe au befoin inventée
Pour fuïr l'autorité qui l'a perfecutée,
Et fous un tel habit elle cachoit fon fort
Pour mieux jouïr du fruit de cette feinte mort.
Madame, pardonnez, s'il faut que je confente
A trahir vos fecrets, & tromper voftre attente ;
Je me vois expofée à fa temerité,
Toutes mes actions n'ont plus de liberté,
Et mon honneur en butte aux foupçons qu'il peut
          prendre,
Eft reduit à toute heure aux foins de fe défendre.
Nos doux embraffemens qu'a furpris ce jaloux,
De cent indignitez m'ont fait fouffrir les coups.
Oüy, voilà le fujet d'une fureur fi prompte,
Et l'affuré témoin qu'on produit de ma honte ;
Joüiffez à cette heure en Tyran abfolu
De l'eclairciffement que vous avez voulu ;
Mais fçachez que j'auray fans ceffe la memoire
De l'outrage fanglant qu'on a fait à ma gloire.
Et fi je puis jamais oublier mes fermens,
Tombent fur moy du Ciel les plus grands châti-
     mens,
Qu'un tonnerre éclatant mette ma tefte en poudre,
                                        Lors

Lors qu'à souffrir vos feux je pourray me refoudre.
Allons, Madame, allons, oftons nous de ces lieux,
Qu'infectent les regards d'un monftre furieux,
Fuyons en promptement l'atteinte envenimée,
Evitons les effets de fa rage animée,
Et ne faifons des vœux dans nos juftes deffeins,
Que pour nous voir bien-toft affranchir des fes
 mains.

D. I G N E S.

Seigneur, de vos foupçons l'injufte violence,
A la mefme vertu vient de faire une offence.

D. G A R C I E.

Quelles triftes clartes diffipent mon erreur,
Enveloppent mes fens d'une profonde horreur,
Et ne laiffent plus voir à mon ame abatuë,
Que l'effroyable objet d'un remords qui me tuë:
Ah! D. Alvar, je voy que vous avez raifon,
Mais l'Enfer dans mon cœur a foufflé fon poifon;
Et par un trait fatal d'une rigueur extréme,
Mon plus grand ennemy fe rencontre en moy-
 mefme.
Que me fert-il d'aimer du plus ardent amour,
Qu'une ame confumée ait jamais mis au jour;
Si par fes mouvemens qui font toute ma peine,
Cet amour à tous coups fe rend digne de haine:
Il faut, il faut vanger par mon jufte trépas
L'outrage que j'ay fait à fes divins appas:
Auffi bien quel confeil aujourd'huy puis je fui-
 vre?
Ah! j'ay perdu l'objet, pourquoy j'aimois à vivre,
Si j'ay pû renoncer à l'efpoir de fes vœux,
Renoncer à la vie, eft beaucoup moins fâcheux.

D. A L V A R.

Seigneur.

D. G A R C I E.

Non, D. Alvar, ma mort eft neceffaire,
Il n'eft foins, ny raifons qui m'en puiffent diftrai-
 re;

Mais il faut que mon fort en se precipitant
Rende à cette Princesse un service-éclatant.
Et je veux me chercher dans cette illustre envie
Les moyens glorieux de sortir de la vie,
Faire par un grand coup qui signale ma foy,
Qu'en expirant pour elle, elle ait regret à moy,
Et qu'elle puisse dire en se voyant vangée,
C'est par son trop d'amour qu'il m'avoit outragée.
Il faut que de ma main un illustre attentat
Porte une mort trop deuë au sein de Mauregat,
Que j'aille prevenir par une belle audace,
Le coup, dont la Castille avec bruit le menace,
Et j'auray des douceurs dans mon instant fatal,
De ravir cette gloire à l'espoir d'un Rival.

D. ALVAR.

Un service, Seigneur, de cette consequence
Auroit bien le pouvoir d'effacer vostre offence;
Mais hazarder......

D. GARCIE.

      Allons par un juste devoir,
Faire à ce noble effort servir mon desespoir.

Fin du quatriéme Acte.

ACTE

ACTE V.

SCENE I.

D. ALVAR, ELISE.

D. ALVAR.

Uy, jamais il ne fut de si rude sur-
 prise,
Il venoit de former cette haute entre-
 prise,
A l'avide desir d'immoler Mauregat,
De son prompt désespoir, il tournoit tout l'éclat.
Ses soins precipitez vouloient à son courage
De cette juste mort assurer l'avantage,
Y chercher son pardon, & prevenir l'ennuy,
Qu'un Rival partageast cette gloire avec luy.
Il sortoit de ces murs, quand un bruit trop fidele,
Est venu luy porter la fâcheuse nouvelle,
Que ce mesme Rival qu'il vouloit prevenir
A remporté l'honneur qu'il pensoit obtenir;
L'a prevenu luy-mesme, en immolant le traistre,
Et pousse dans ce jour, Dom Alphonse à paroistre,
Qui d'un si prompt succés va gouter la douceur,
Et vient prendre en ces lieux la Princesse sa sœur;
Et ce qui n'a pas peine à gagner la croyance,
On entend publier que c'est la recompense,
Dont il pretend payer le service éclatant
Du bras qui luy fait jour au Throsne qui l'attend.

ELISE.

Oüy, Done Eluire a sçeu ces nouvelles semées,
Et du vieux Dom Louis les trouve confirmées.
Qui vient de luy mander, que Leon dans ce jour,
De Dom Alphonse, & d'elle, attend l'heureux
 retour,

K 6

Et

Et que c'est-là qui on doit, par un revers profpere,
Luy voir prendre un époux de la main de ce Frere ;
Dans ce peu qu'il en dit, il donne afſez à voir,
Que Dom Sylve eſt l'époux qu'elle doit recevoir.

D. ALVAR.

Ce coup au cœur du Prince....

ELISE.

Eſt fans doute bien rude,
Et je le trouve à plaindre en ſon inquietude,
Son intereſt pourtant, ſi j'en ay bien jugé,
Eſt encor cher au cœur qu'il a tant outragé ;
Et je n'ay point connu, qu'à ce ſuccés qu'on vante,
La Princeſſe ait fait voir une ame fort contente,
De ce Frere qui vient, & de la lettre auſſi,
Mais....

SCENE II.

D. ELUIRE, D. ALVAR, ELISE, D. IGNES.

D. ELUIRE.

Faites Dom Alvar venir le Prince icy,
Souffrez que devant vous je luy parle, Madame,
Sur cet évenement, de tout l'fonds d'mon ame ;
Et ne m'accuſez point d'un trop prompt change-
        ment,
Si je perds contre luy tout mon reſſentiment.
Sa diligence imprevenuë a pris droit de l'éteindre,
Sans luy laiſſer ma haine, il eſt aſſez à plaindre.
Et le Ciel qui s'expoſe à courir de rigueur,
N'a que trop bien ſervi les fermens de mon cœur.
Un éclatant arreſt de ma gloire outragée,
A jamais d'eſtre a luy me tenoit engagée ;
Mais quand par les deſtins il eſt executé,
J'y vois pour ſon amour trop de feverité ;
Et le triſte ſuccés de tout ce qu'il m'adreſſe
M'efface ſon offence, & luy rend ma tendreſſe.

Oüy,

Oüy, mon cœur trop vangé par de si rudes coups,
Laisse à leur cruauté defarmer son courroux,
Et cherche maintenant par un soin pitoyable
A consoler le sort d'un Amant miserable ;
Et je croy que sa flâme à bien pû meriter
Cette compassion que je luy veux prester.

D. IGNES.

Madame, on auroit tort de trouver à redire
Aux tendres sentimens qu'on voit qu'il vous in-
    spire,
Ce qu'il a fait pour vous.... Il vient, & sa pâleur,
De ce coup surprenant marque assez la douleur.

SCENE III.

D. GARCIE, D. ELVIRE, D. IGNES, ELISE.

D. GARCIE.

Madame, avec quel front faut il que je m'avan-
    ce,
Quand je viens vous offrir l'odieuse presence....

D. ELVIRE.

Prince, ne parlons plus de mon ressentiment,
Vostre sort dans mon ame a fait du changement,
Et par le triste estat où sa rigueur vous jette,
Ma colere est éteinte, & nostre paix est faite.
Oüy, bien que vostre amour ait merité les coups,
Que fait sur luy du Ciel éclater le courroux ;
Bien que ses noirs soupçons ayent offencé ma
    gloire,
Par des indignitez qu'on auroit peine à croire ;
J'avoüeray toutefois que je plains son malheur,
Jusqu'à voir nos succes avec quelque douleur ;
Que je hay les faveurs de ce fameux service,
Lors qu'on veut de mon cœur luy faire un sacrifi-
    ce,
Et voudrois bien pouvoir racheter les momens,

Où le fort contre vous n'armoit que mes sermens ;
Mais, enfin, vous sçavez comme nos destinées,
Aux interests publics sont toujours enchaînées,
Et que l'ordre des Cieux pour disposer de moy,
Dans mon Frere qui vient, me va montrer mon
    Roy.
Cedez comme moy, Prince, à cette violence,
Où la grandeur soûmet celles de ma naissance ;
Et si de vostre amour les deplaisirs sont grands,
Qu'il se fasse un secours de la part que j'y prends,
Et ne se serve point contre un coup qui l'étonne
Du pouvoir qu'en ces lieux vostre valeur vous don-
    ne ;
Ce vous seroit sans doute un indigne transport
De vouloir dans vos maux luter contre le fort.
Et lors que c'est en vain qu'on s'oppose à sa rage,
La soûmission prompte est grandeur de courage.
Ne resistez donc point à ses coups éclatans,
Ouvrez les murs d'Astorgue au Frere que j'attends ;
Laissez-moy rendre aux droits qu'il peut sur moy
    pretendre,
Ce que mon triste cœur a resolu de rendre ;
Et ce fatal hommage, où mes vœux sont forcez
Peut-estre n'ira pas si loin que vous pensez.

D. GARCIE.

C'est faire voir, Madame, une bonté trop rare,
Que vouloir adoucir le coup qu'on me prepare,
Sur moy sans de tels soins vous pouvez laisser
    cheoir
Le foudre rigoureux de tout vostre devoir.
En l'estat où je suis, je n'ay rien à vous dire,
J'ay merité du sort tout ce qu'il a de pire,
Et je sçay, quelques maux qu'il me faille endurer,
Que je me suis osté le droit d'en murmurer.
Par où pourrois-je, helas ! dans ma vaste disgrace,
Vers vous de quelque plainte authoriser l'audace,
Mon amour s'est rendu mille fois odieux,
Il n'a fait qu'outrager vos attraits glorieux :

Et

Et lors que par un juste, & fameux sacrifice,
Mon bras à vostre sang cherche à rendre un service,
Mon astre m'abandonne au déplaisir fatal,
De me voir prevenu par le bras d'un Rival.
Madame, aprés cela je n'ay rien à pretendre,
Je suis digne du coup que l'on me fait attendre,
Et je le vois venir, sans oser contre luy,
Tenter de vostre cœur le favorable appuy.
Ce qui peut me rester dans mon malheur extrême,
C'est de chercher alors mon remede en moy-
    mesme,
Et faire que ma mort propice à mes desirs,
Affranchisse mon cœur de tous ses déplaisirs.
Oüy, bien tost dans ces lieux, Dom Alphonse doit
    estre,
Et déja mon Rival commence de paroistre.
De Leon vers ces murs, il semble avoir volé,
Pour recevoir le prix du Tyran immolé ;
Ne craignez point du tout qu'aucune resistance
Fasse valoir icy ce que j'ay de puissance,
Il n'est effort humain que pour vous conserver,
Si vous y consentiez, je ne pûsse braver ;
Mais ce n'est pas à moy, dont on haït la memoire,
A pouvoir esperer cet aveu plein de gloire,
Et je ne voudrois pas par des efforts trop vains
Jetter le moindre obstacle à vos justes desseins.
Non, je ne contrains point vos sentimens, Ma-
    dame,
Je vais en liberté laisser toute vostre ame,
Ouvrir les murs d'Astorgue à cet heureux vain-
    queur,
Et subir de mon sort la derniere rigueur.

S C E.

SCENE IV.

D. ELUIRE, D. IGNES, ELISE.

D. ELUIRE.

MAdame, au deſeſpoir où ſon deſtin l'expoſe,
De tous mes déplaiſirs n'imputez pas la cauſe,
Vous me rendrez juſtice, en croyant que mon
    cœur
Fait de vos intereſts ſa plus vive douleur,
Que bien plus que l'amour l'amitié m'eſt ſenſible,
Et que ſi je me plains d'une diſgrace horrible,
C'eſt de voir que du Ciel le funeſte couroux
Ait pris chez moy les traits qu'il lance contre
    vous,
Et rendu mes regards coupables d'une flâme,
Qui traite indignement les bontez de voſtre ame.

D. IGNES.

C'eſt un evenement, dont ſans doute vos yeux
N'ont point pour moy, Madame, à quereller les
    Cieux;
Si les foibles attraits qu'étale mon viſage,
M'expoſoient au deſtin de ſouffrir un volage,
Le Ciel ne pouvoit mieux m'adoucir de tels coups,
Quand pour m'oſter ce cœur, il s'eſt ſervi de vous,
Et mon front ne doit point rougir d'une incon-
    ſtance
Qui de vos traits aux miens marque la difference.
Si pour ce changement je pouſſe des ſoûpirs,
Ils viennent de le voir fatal à vos deſirs;
Et dans cette douleur que l'amitié m'excite,
Je m'accuſe pour vous de mon peu de merite,
Qui n'a pû retenir un cœur, dont les tributs
Cauſent un ſi grand trouble a vos vœux combatus.

D. ELUIRE.

Accuſez-vous plûtoſt de l'injuſte ſilence,
Qui m'a de vos deux cœurs caché l'intelligence,

Ce secret plûtost sçeu, peut-estre à toutes deux
Nous auroit épargné des troubles si fâcheux;
Et mes justes froideurs des desirs d'un volage,
Au point de leur naissance, ayant banny l'hom-
      mage,
Eussent pû renvoyer....

D. IGNES.

          Madame, le voicy.

D. ELUIRE.

Sans rencontrer ses yeux vous pouvez estre icy,
Ne sortez point, Madame, & dans un tel martyre,
Veüillez estre témoin de ce que je vais dire.

D. IGNES.

Madame, j'y consens, quoy que je sçache bien,
Qu'on fuiroit en ma place un pareil entretien.

D. ELUIRE.

Son succez, si le Ciel seconde ma pensée,
Madame, n'aura rien, dont vous soyez blessée.

SCENE V.

D. SYLVE, D. ELUIRE, D. IGNES.

D. ELUIRE.

Avant que vous parliez je demande instamment,
  Que vous daignez, Seigneur, m'écouter un
      moment,
Déja la renommée a jusqu'à nos oreilles
Porté de vostre bras les soudaines merveilles;
Et j'admire avec tous, comme en si peu de temps,
Il donne à nos desseins ces succés éclatans.
Je sçay bien qu'un bien-fait de cette consequence
Ne sçauroit demander trop de recognoissance,
Et qu'on doit toute chose à l'exploit immortel
Qui replace mon Frere au Throsne paternel.
Mais quoy que de son cœur vous offre les hom-
      mages,

                              Usez

Usez en genereux de tous vos avantages,
Et ne permettez pas que ce coup glorieux
Jette sur moy, Seigneur, un joug imperieux.
Que vostre amour qui sçait quel interest m'ani-
  me,
S'obstine à triompher d'un refus legitime,
Et veüille que ce Frere, où l'on va m'exposer
Commence d'estre Roy pour me tyrannifer.
Leon a d'autres prix, dont en cette occurance,
Il peut mieux honorer vostre haute vaillance;
Et c'est à vos vertus faire un present trop bas,
Que vous donner un cœur qui ne se donne pas.
Peut-on estre jamais satisfait en soy-mesme,
Lors que par la contrainte on obtient ce qu'on
    aime;
C'est un triste avantage, & l'Amant genereux
A ces conditions refuse d'estre heureux;
Il ne veut rien devoir à cette violence   (ce,
Qu'exercent sur nos cœurs les droits de la naissan-
Et pour l'objet qu'il aime est toûjours trop zelé,
Pour souffrir qu'en victime il luy soit immolé;
Ce n'est pas que ce cœur au merite d'un autre
Pretende reserver ce qu'il refuse au vostre:
Non, Seigneur, j'en répons, & vous donne ma foy
Que personne jamais n'aura pouvoir sur moy;
Qu'une sainte retraite à toute autre poursuite....

D. S Y L V E.

J'ay de vostre discours assez souffert la suite,
Madame, & par deux mots je vous l'eusse épargné,
Si vostre fausse allarme eut sur vous moins gagné.
Je sçay qu'un bruit commun, qui par tout se
    fait croire,
De la mort du Tyran me veut donner la gloire;
Mais le seul Peuple, enfin, comme on nous
    fait sçavoir,
Laissant par Doin Louis échaufer son devoir,
A remporté l'honneur de cet acte heroïque,
Dont mon nom est chargé par la rumeur publique,

Et

Et ce qui d'un tel bruit a fourny le sujet,
C'eſt que pour appuyer ſon illuſtre projet,
Dom Louis fit ſemer par une feinte utile,
Que ſecondé des miens j'avois ſaiſi la Ville,
Et par cette nouvelle il a pouſſé les bras,
Qui d'un uſurpateur ont haſté le trépas.
Par ſon zele prudent il a ſçeu tout conduire,
Et c'eſt par un des ſiens qu'il vient de m'en in-
        ſtruire;
Mais dans le meſme inſtant un ſecret m'eſt appris
Qui va vous étonner autant qu'il m'a ſurpris.
Vous attendez un Frere, & Leon ſon vray Maitre,
A vos yeux maintenant le Ciel le fait paroiſtre.
Oüy, je ſuis Dom Alphonſe, & mon ſort conſervé,
Et ſous le nom du ſang de Caſtille élevé,
Eſt un fameux effet de l'amitié ſincere,
Qui fut entre ſon Prince, & le Roy noſtre Pere.
Dom Louis du ſecret a toutes les clartez,
Et doit aux yeux de tous prouver ces veritez,
D'autres ſoins maintenant occupent ma penſée,
Non, qu'à voſtre ſujet elle ſoit traverſée.
Que ma flâme querelle un tel évenement,
Et qu'en mon cœur le Frere importune l'Amant.
Mes feux par ce ſecret on reçeu ſans murmure,
Le changement qu'en eux a preſcrit la nature;
Et le ſang qui nous joint m'a ſi bien détaché
De l'amour, dont pour vous mon cœur étoit touché,
Qu'il ne reſpire plus pour faveur ſouveraine
Que les cheres douceurs de ſa premiere chaîne.
Et le moyen de rendre à l'adorable Ignes,
Ce que de ſes boutez a merité l'excés;
Mais ſon ſort incertain rend le mien miſerable,
Et ſi ce qu'on en dit ſe trouvoit veritable,
En vain Leon m'apelle, & le Throſne m'attend,
La Couronne n'a rien à me rendre content;
Et je n'en veux l'éclat que pour goûter la joye,
D'en couronner l'objet où le Ciel me renvoye,
Et pouvoir reparer par ces juſtes tributs
                              L'ou-

L'outrage que j'ay fait à ses rares vertus.
Madame, c'est de vous que j'ay raison d'attendre,
Ce que de son destin mon ame peut apprendre,
Instruisez-m'en de grace, & par votre discours,
Hâtez mon desespoir, ou le bien de mes jours.

D. E L U I R E.

Ne vous étonnez pas si je tarde à repondre,
Seigneur, ces nouveautez ont droit de me confondre
Je n'entreprendray point de dire à votre amour,
Si Done Ignes est morte, ou respire le jour;
Mais par ce Cavalier, l'un de ses plus fideles,
Vous en pourrez sans doute apprendre des nou-
       velles ?

D. S Y L V E , ou D. A L P H O N S E.

Ah ! Madame, il m'est doux en ces perplexités
De voir icy briller vos celestes beautez,
Mais vous avec quels yeux verrez-vous un volage,
Dont le crime....

D. I G N E S.
           Ah ! gardez de me faire un outrage,
Et de vous hasarder à dire que vers moy,
Un cœur, dont je fais cas air pû manquer de foy;
J'en refuse l'idée, & l'excuse me blesse,
Rien n'a pû m'offencer auprés de la Princesse,
Et tout ce que d'ardeur elle vous a causé,
Par un si haut merite est assez excusé.
Cette flâme vers moy ne vous rend point coupable,
Et dans le noble orgüeil, dont je me sens capable,
Sçachez si vous l'estiez, que ce seroit en vain,
Que vous presumeriez de fléchir mon dédain,
Et qu'il n'est repentir, ny suprême puissance
Qui gagnast sur mon cœur d'oublier cette offence.

D. E L U I R E.
Mon Frere, d'un tel nom souffrez-moy la douceur,
De quel ravissement comblez vous une sœur :
Que j'ayme votre choix, & benis l'avanture,
Qui vous fait couronner une amitié si pure,
Et de deux nobles cœurs que j'aime tendrement....

S C E-

SCENE VI.

D. GARCIE, D. ELUIRE, D. IGNES, D. SYLVE, ELISE.

D. GARCIE.

DE grace cachez-moy voſtre contentement,
  Madame, & me laiſſez mourir dans la
    croyance,
Que le devoir vous fait un peu de violence.
Je ſçay que de vos vœux vous pouvez diſpoſer,
Et mon deſſein n'eſt pas de leur rien oppoſer,
Vous le voyez aſſez, & quelle obeïſſance
De vos commandemens m'arrache la puiſſance;
Mais je vous avoüeray que cette gayeté
Surprend au dépourveu toute ma fermeté;
Et qu'un pareil objet dans mon ame fait naiſtre
Un tranſport, dont j'ay peur que je ne ſois pas
    maiſtre,
Et je me puniroïs, s'il m'avoit pû tirer
De ce reſpect ſoûmis où je veux demeurer.
Oüy, vos commandemens ont preſcrit à mon ame,
De ſouffrir ſans éclat le malheur de ma flâme.
Cet ordre ſur mon cœur doit eſtre tout puiſſant,
Et je pretends mourir en vous obeïſſant;
Mais encor une fois, la joye où je vous treuve,
M'expoſe à la rigueur d'une trop rude épreuve,
Et l'ame la plus ſage en ces occaſions
Reſpond malaiſement de ſes émotions.
Madame, eſpargnez-moy cette cruelle atteinte,
Donnez-moy par pitié deux moments de con-
    trainte.
Et quoy que d'un Rival vous inſpirent les ſoins,
N'en rendez pas mes yeux les mal-heureux té-
    moins;
C'eſt la moindre faveur qu'on peut je croy pre-
    tendre,

Lors

Lors que dans ma difgrace un Amant peut de-
    fcendre;
Je ne l'exige pas, Madame, pour long-temps,
Et bien-toſt mon départ rendra vos vœux contens.
Je vais, où de ſes feux mon ame conſumée,
N'apprendra voſtre Hymen que par la renommée,
Ce n'eſt pas un ſpectacle où je doive courir,
Madame, ſans le voir j'en ſçauray bien mourir.

D. IGNES.

Seigneur, permettez-moy de blâmer voſtre plainte,
De vos maux la Princeſſe a ſçeu paroiſtre atteinte;
Et cette joye encor, dequoy vous murmurez
Ne luy vient que des biens qui vous ſont preparez.
Elle goûte un ſuccez à vos deſirs proſpere,
Et dans voſtre Rival elle trouve ſon Frere;
C'eſt Dom Alphonſe, enfin, dont on a tant parlé,
Et ce fameux ſecret vient d'eſtre dévoilé.

D. SYLVE, ou D. ALPHONSE.

Mon cœur, graces au Ciel, aprés un long martyre,
Seigneur, ſans vous rien prendre a tout ce qu'il
    deſire,
Et goûte d'autant mieux ſon bonheur en ce jour,
Qu'il ſe voit en eſtat de ſervir voſtre amour.

D. GARCIE.

Helas! cette bonté, Seigneur, doit me confondre,
A mes plus chers deſirs elle daigne répondre,
Le coup que je craignois le Ciel l'a détourné,
Et tout autre que moy ſe verroit fortuné;
Mais ces douces clartez d'un ſecret favorable,
Vers l'objet adoré me découvre coupable,
Et tombé de nouveau dans ces traiſtres ſoupçons,
Surquoy l'on m'a tant fait d'inutiles leçons;
Et par qui mon ardeur ſi ſouvent odieuſe,
Doit perdre tout eſpoir d'eſtre jamais heureuſe:
Oüy, l'on doit me haïr avec trop de raiſon,
Moy-meſme je me trouve indigne de pardon,
Et quelque heureux ſuccés que le ſort me preſente,
La mort, la ſeule mort, eſt toute mon attente.

D. EL^e

D. ELUIRE.

Non, non, de ce transport le soûmis mouvement,
Prince, jette en mon ame un plus doux sentiment,
Par luy de mes sermens je me sens détachee,
Vos plaintes, vos respects, vos douleurs m'ont
    touchée,
J'y vois par tout briller un excés d'amitié,
Et voftre maladie est digne de pitié.
Je vois, Prince, je vois, qu'on doit quelque
    indulgence,
Aux defauts, où du Ciel fait pancher l'influence,
Et pour tout dire, enfin, jaloux, ou non jaloux;
Mon Roy sans me gesner peut me donner à vous.

D. GARCIE.

Ciel! dans l'excés des biens que cet aveu m'o-
    ctroye,
Rends capale mon cœur de supporter sa joye.

D. SYLVE, ou D. ALPHONSE.

Je veux que cet Hymen aprés nos vains débats,
Seigneur, joigne à jamais nos cœurs, & nos
    Estats;
Mais icy le temps presse, & Leon nous appelle,
Allons dans nos plaisirs satisfaire son zele,
Et par noftre presence, & nos soins differents,
Donner le dernier coup au party des Tyrans.

F I N.